KB121976

손석춘 교수의 민주주의 특강

손석춘 교수의 민주주의 특강

제1판 제1쇄 발행일 2024년 1월 1일

글_ 손석춘
기획_ 책도둑(박정훈, 박정식, 김민호)
디자인_ 정하연
펴낸이_ 김은지
펴낸곳_ 철수와영희
등록번호_ 제319-2005-42호
주소_ 서울시 마포구 월드컵로 65, 302호(망원동, 양경회관)
전화_ 02) 332-0815
팩스_ 02) 6003-1958
전자우편_ chulsu815@hanmail.net

ⓒ손석춘, 2024

* 이 책에 실린 내용 일부나 전부를 다른 곳에 쓰려면 반드시 저작권자와
  철수와영희 모두한테서 동의를 받아야 합니다.
* 잘못된 책은 출판사나 처음 산 곳에서 바꾸어 줍니다.

ISBN 979-11-7153-003-8 03300

철수와영희 출판사는 '어린이' 철수와 영희, '어른' 철수와 영희에게
도움 되는 책을 펴내기 위해 노력합니다.

손석춘 교수의

민주주의 특강

보수와 진보 공동의 정치 철학

손석춘 지음

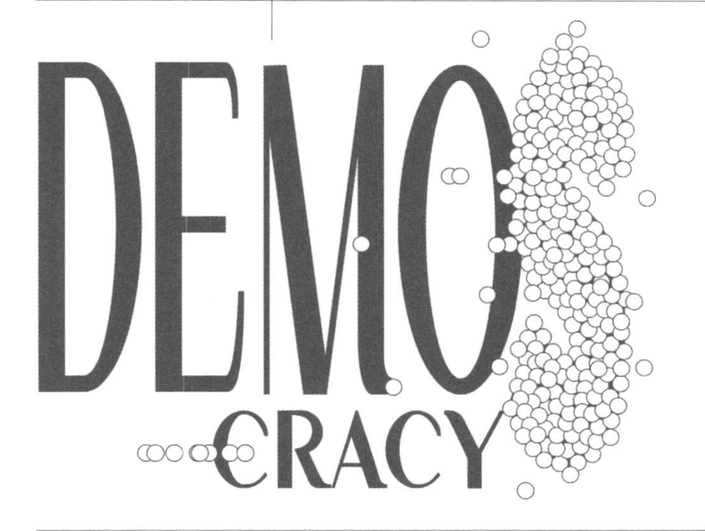

철수와영희

머리말

민주공화국의 주권자이자 민주주의 성숙을 이끌 분들께

한국에선 민주주의를 둘러싸고 해괴한 사건이 종종 벌어집니다. 중고등학교 역사 교과서에 '민주주의'라고 쓰느냐 '자유 민주주의'라고 쓰느냐를 두고 논쟁을 되풀이합니다. 교과서에 국한되지 않습니다. 상대의 사상을 의심하거나 '반국가 세력'으로 몰기도 합니다. 조선 왕조 시대에 글자 하나를 두고 마치 나라가 망할 듯이 당파 싸움을 벌이며 민생을 외면한 양반 계급이 떠오릅니다.

정계와 언론계가 따따부따할 무렵에 대학 구내식당에서 지인과 점심을 먹으며 우연히 그 문제를 화제에 올렸습니다. 갑론을박 당사자들이 민주주의 개념부터 서로 확인할 필요가 있다는 이야기에 이르렀는데요. 그는 민주주의를 "국민이 자유로운 직접 선거를 통해 정치 지도자를 선출해 권한을 위임하는 제도"로 보더군요.

당혹스러웠습니다. 그는 나름 정치의식이 있을 뿐만 아니라 젊은 시절 군부 독재에 맞서다 정보기관에 연행되기도 했거든요. 독재와 맞설 때 '대통령 직선제'를 구호로 내걸었던 경험이 워낙 강렬해서일까요. 말이 나온 참에 그럼 대통령 직선제로 헌법을 개정한 1987년 6월 항쟁으로 민주주의는 이뤄진 것인지 물었습니다. 잠시 뜸을 들이던 그는 대답대신 "솔직히 중국이나 북한과 달리 정치 지도자를 직접 선거로 선출함으로써 많은 사람의 의사를 반영할 수 있는 체제가 민주주의 아니냐"고 반문했습니다.

충격을 받았습니다. 민주화 운동에 동참했고 대통령의 언행을 비판하는 그의 생각이 '자유 민주주의'만 옳다는 사람들과 사실상 다를 바 없었기 때문입니다. 그날의 짧은 대화는 숨어 있던 진실을 깨닫게 해 주었습니다. 많은 사람이 민주주의를 잘 모른다는 사실입니다. 물론 얼마든지 그럴 수 있고 잘못도 아닙니다. 문제는 잘 모르면서도 자신이 민주주의를 잘 안다고 오해하는 데 있습니다. 민주주의에 대한 오해는 자신의 삶을 뒤틀게 하거나 심지어 예기치 못한 죽음에 이르게 합니다. 결코 과장이 아닙니다. 엄연한 현실입니다.

정치 커뮤니케이션 수업 시간이 떠올랐습니다. 대학생들과 나눈 민주주의 이야기를 강의실에 가둬 둘 일이 아니라는 생각이 들더군요. 마침 출판사에서 '민주주의 특강'을 제안해 왔습니다. 이미 민주주의를 다룬 많은 책들이 나와 있습니다. 독자들은 특히 미국과 유럽 저자들의 책을 선호하는데요. 번역서의 논리 전개를 따라가다 보면 많은 지식을 얻는 듯싶지만, 다 읽고 나면 그래서 어쩌자는 걸까라는 의문이 남을 수 있습니다. 그래서 우리 현실에 바탕을 두고 보수와 진보 모두 지나쳐 오거나 아예 모르는 민주주의 철학을 간결하게 정리해 독자들과 공유하고 싶었습니다.

물론 '정치 지도자를 직접 선거로 선출'하는 제도의 중요성을 가볍게 여길 뜻은 전혀 없습니다. 그래서도 안 되고요. 하지만 군부 독재 시절 거리에 나섰던 그조차 이미 오래 전에 기성세대로 편입되어서일까요. 민주주의에 대한 이해가 너무 좁아 새삼 놀라웠지요. 하물며 군부 독재와 맞선 경험이 전혀 없었던 사람들은 어떨까 싶었습니다. 민주주의의 주요 기관인 언론이 민중의 항거로 물러난 독재자들을 틈날 때마다, 때로는 노골적으로, 때로는 은근히 반세기 넘도록 미화해 오고 있기에 더 그렇습니다.

더구나 많은 이들이 이른바 'MZ세대'의 정치적 무관심을 들먹이며 개탄합니다. 하지만 제가 강의실에서 만난 청년 세대는 세간의 평과 달랐습니다. 다만 정치와 소통할 지적 계기가 없었을 따름입니다. 정치가 우리 개개인의 삶과 어떤 관련이 있는지를 이해할 때마다 반짝이는 눈빛들은 저를 강단에 계속 서게 한 힘이었습니다.

무릇 정치에 무관심하거나 정치를 무시할 때 정치는 반드시 보복합니다. 더구나 2020년대 들어 민주주의 위기가 세계적 현상이 되었고 같은 원인에서 비롯한 인류의 위기가 코로나19 팬데믹과 기후 온난화로 표면화되고 있습니다.

이 책은 대학에서 '정치 커뮤니케이션' 과목을 10여 년 강의하며 다듬은 내용인 만큼 제가 써 온 여러 책들을 인용하거나 활용한 대목들이 적잖습니다. 가능한 겹치는 부분을 피하려 했지만 중요한 논의를 생략할 수는 없었습니다. 민주주의를 '보수와 진보 공동의 정치 철학'이라는 맥락에서 되새겨 보는 의미도 있다고 생각합니다. 대학생들과 나눈 강의이지만, 책으로 펴내면서 청소년들은 물론 기성세대도 편히 읽을 수 있도록 보완하고 퇴고했습니다. 민주공화국의 주권자이자 민주주의 성숙을 이끌 분들께 바칩니다.

손석춘 드림

차례

1부 민주주의 비밀과 진실

2부 성숙한 민주주의로 가는 길

개강

민주공화국에 살고 있다는 착각과 성찰

누군가를 잘 모르면서도 안다고 생각할 때 낭패를 볼 수 있습니다. "착각은 자유"라는 말이 가슴에 아프게 와 닿은 경험도 누구나 한 번쯤은 있을 텝니다. 그런데 많은 이들이 공통적으로 착각하는 대상이 있습니다. 그 착각으로 삶이 곤경에 몰리고 아픔도 겪지만 곧 잊어버립니다. 착각이 내내 이어질 수밖에요. 바로 '민주주의'가 그렇습니다.

민주주의에 대한 착각은 그를 이미 알고 있다는 오해에 그치지 않습니다. 그깟 민주주의를 모를까 시큰둥하게 여기며 민주주의는 내 인생과 무관하다고 착각합니다. 두 문제는 이어져 있습니다. 여기서 여러분 스스로 물어보기 바랍니다. 나는, 그리고 우리는, 민주주의를 과연 얼마나 알고 있을까. 만일 대통령이나 국회의원, 시도지사들을 정기적으로 선출하는 제도쯤으로 민주주의를 이해한다면 반드시 되물어야 합니다. 나는 그리고 우리는 왜 그걸 민주주의라 여겼을까. 그렇게 오해하며 애면글면 먹고 살아가는 데 뿔뿔이 골몰해 왔을까.

인터넷 시대를 맞아 쉽게 정보를 접할 수 있지만, 민주주의에 대한 이해 부족은 세계적 현상입니다. '민주주의 모델'을 자임해 온 미국에서 2021년 1월 트럼프와 그의 열광적 지지자들이 대통령 선거에 불복하며 의사당을 습격한 살풍경은 미국식 민주주의의 한계를 생생히 입증해 주었습니다.

어디 미국뿐인가요. 2020년대에 들어서자마자 지구촌을 강습한 바이러스 코로나19는 3년 새 700만 명의 목숨을 앗아 가며 유럽의 이른바 '선진 민주 국가'들이 얼마나 취약한가를 여실히 드러내 주었습니다. 탐욕스러운 자본의 논리가 보편화하고 생명권과 건강권에서조차 부익부 빈익빈 현상이 심화되면서 과연 민주주의란 무엇인가를 성찰케 했습니다. 독일의 역사학자 볼프강 몸젠은 유럽의 1848년 혁명을 분석한 책을 내면서 현재의 민주주의 질서를 당연하게 주어진 것으로 간주하는 젊은 세대에게 "우리가 누리고 있는 자유로운 정치 사회 질서가 어떤 중대한 희생을 치르며 쟁취된 것인지를 알 수 있도록 해 주면 좋겠다"는 소감을 밝혔습니다.

한국의 상황은 더 심각합니다. 민주주의조차 보수나 진보의 시각으로 나눠 봅니다. 물론 보수가 바라보는 민주주의도 있고 진보가 바라보는 민주주의도 있겠지요. 실제로 차이도 있습니다. 하지만 민주주의의 가장 기초적인 개념은 보수와 진보의 문제가 아닙니다. 보수와 진보 모두 동의할 민주주의 철학이 있으니까요.

무엇일까요. '보수도 진보도 동의할 민주주의 개념은 무엇일까'라는 물음에 대해 여러분 스스로 자신이 아는 한에서 답해 보기 바랍니다. 그 답과 제가 들려드리는 생각을 비교할 때 민주주의 이해가 넓어지고 깊어질 수 있습니다. 그때 민주주의가 개개인의 삶의 성숙과 이어질 수 있습니다. (강의실에서는 그 물음을 눈 마주치는 학생에게 물어봅니다. 다른 학생들의 답도 듣습니다. 그리고 토론합니다. 책에는 그런 과정을 담을 수 없지만 차분하게 읽어 가는 장점이 있습니다. 다만 독자 스스로 잠시 멈춰서 그 물음에 답해 본 뒤 읽어 가시기를 권합니다).

저는 독일 역사학자가 지적한 민주주의에 대한 과거 인식의 중요성에 동의하지만 거기에 만족할 수 없습니다. 지금 여기의 민주주의 질서에 순응 또는 적응하고 있는 사람들에게 성숙한 민주주의가 얼마든지 가능하다는 현재적 판단과 미래 전망을 나누고 싶습니다. 민주주의의 과거는 물론 미래도 현재를 살고 있는 여러분의 삶과 직결되어 있으니까요.

단언하거니와 민주주의를 선거로만 이해한다면 무지의 자기 고백에 지나지 않습니다. 우리가 살고 있는 정치 체제를 '대통령 선출 체제' 또는 '대의 정치 체제'라 하지 않고 굳이 '민주주의 체제'라 하는 까닭은 민주주의가 단순히 선거제가 아니라는 구체적 '증거' 아닐까요.

심지어 한국에서 신문과 방송을 겸영하고 있는 언론들, 신문·방송 복합체들은 대통령 직선제로 민주주의는 이미 이뤄졌다는 듯이 그 이상의 논의를 불온하게 여깁니다. 자유로운 생각과 토론을 가로막으며 버젓이 '자유 민주주의'를 강조합니다. 그들이 민주주의보다 굳이 자유 민주주의를 내세우는 까닭은 무엇일까도 짚어 볼 문제입니다.

현대 정치학은 민주주의와 자유 민주주의를 딱히 구분하지 않기에, 한국에서 벌어지는 논쟁은 특별합니다. 자유 민주주의 수호를 부르짖는 정치인, 언론인, 교수들 가운데 정작 자유 민주주의가 군부 독재 아래 질식당하고 대통령 선거권마저 박탈했을 때 싸우기는커녕 입 한번 벙긋한 사람이 거의 없으니까요.

과연 그들이 외치는 자유 민주주의를 신뢰할 수 있을까요. 촛불 혁명으로 한때 위협받았던 자신들의 기득권이나 특권을 지키려는 선제적 공세가 아닌지 의문이 듭니다. 실제로 그들이 자유 민주주의를 내걸 때마다 노동 운동을 탄압하거나 마녀사냥이 벌어지거든요.

자유 민주주의나 민주주의는 얼마든지 혼용해서 쓸 수 있음에도 굳이 나누려는 사람들에게는 그에 맞춰 이야기 나눌 필요가 있습니다. 일단 형식적으로 '자유 민주주의'는 민주주의 앞에 수식어를 붙였으므로 특정한 형태의 민주주의를 이르는 말이겠지요. 그래서 '민주주의는 곧 자유 민주주의'라는 주장은 자유 민주주의 밖의 어떤 민주주의도 인정하지 않겠다는 의도가 담겨 있는 거죠. 자유 민주주의를 주창하며 정작 생각의 자유를 억압하는 자가당착조차 모르고 있는 윤똑똑이들이 정계와 재계는 물론 학계와 언론계에 많습니다.

학문적으로도 그렇고 현실로도 민주주의는 단순한 선거 제도 이상이듯이 자유 이상입니다. 민주주의는 자유와 평등을 추구해 왔고 지금도 그것이 기본 철학이니까요. 『캠브리지 영영 사전』을 보더라도 민주주의를 "사람들 사이의 자유와 평등에 대한 믿음(the belief in freedom and equality between people)에 기반한 정부 체계(system of government)"로 풀이하고 있습니다. 자유 민주주의나 민주주의를 얼마든지 혼용할 수 있지만, 누군가가 전자만이 옳다고 주장한다면 혹시 평등을 경시하거나 외면하려는 의도가 있지 않은지 살필 필요가 있습니다.

민주주의는 '민주공화국'에 대한 논의와도 이어지는데요. 민주주의라면 잘 안다고 자부하는 이도 민주공화국이라면 조금 주춤할 수 있을 듯합니다. 공화제에는 '공공선과 공동 이익 추구'라는 의미가 담겨 있기에 더욱 그렇습니다. 공화국의 영어식 표현 '리퍼블릭(republic)'의 어원인 라틴어 '레스 푸블리카(res publica)'는 '공공의 것'을 뜻합니다. 민주주의 개념으로 보든 공화국 개념으로 보든 굳이

'자유'만 강조해서는 안 될 이유입니다.

한국에서 민주주의에 대한 오해는 우리가 민주공화국에 살고 있다는 착각으로 이어집니다. 민주공화국이나 공화주의의 정의를 놓고 학자들 사이에 적잖은 논쟁이 오가고 있습니다. 하지만 어렵게 생각할 필요도 이유도 없습니다. 무릇 학문의 목적이 삶의 현실을 정확히 이해하는 데 있다면, 더구나 관념적인 생각을 현학적 표현으로 늘어놓길 좋아하는 교수들에 매몰되지 않으려면, 민주공화국의 정의를 쉽게 접근할 필요가 있습니다. 다름 아닌 대한민국 헌법 제1조를 찬찬히 들여다봅시다.

"헌법 제1조 ① 대한민국은 민주공화국이다. ② 대한민국의 주권은 국민에게 있고, 모든 권력은 국민으로부터 나온다."

이 헌법 1조는 1948년 7월 17일 헌법을 제정하고 수차례 개정하면서도 그대로 유지됐습니다. 다만 제1조 ①항과 ②항을 제헌 헌법은 1조와 2조로 나누었을 뿐 문장은 똑같습니다. 5·16 군사 쿠데타로 집권한 세력조차 제헌 헌법이 명문화한 1조와 2조를 무시할 수 없었지요. 그대로 살려 1조 ①항과 ②항으로 통합했습니다.

두루 알다시피 헌법은 모든 법 가운데 가장 높은 법입니다. 헌법이 없는 나라는 없습니다. 법치주의 국가라면 모든 국민이 당연히 지켜야 할 최상위 법이 헌법이지요. 민주주의는 바로 그 헌법적 가치로서 보수와 진보의 잣대를 떠나 있습니다. 한 나라의 헌법에 보수주의자들의 헌법이 따로 있고 진보주의자들의 헌법이 별개로 있지 않잖습니까.

보수도 진보도 동의해야 할 가치, 보수와 진보 공동의 정치 철학이 헌법 제1조에 담겨 있는 건데요. 만약 누군가가 1조에 동의하지 않는다면 헌법 개정 운동을 펴든가, 그렇지 않는 한 따라야겠지요. 우리가 법치주의를 주창하려면 헌법의 가치, 그 가운데도 제1조를 중시해야 마땅합니다. 거듭 강조하거니와 보수의 헌법 제1조가 따로 있고 진보의 헌법 제1조가 별개로 있지 않으니까요.

그런데 헌법 제1조는 얼마나 지켜지고 있을까요? 저는 정치 커뮤니케이션 강의실에서 학생들에게 헌법 제1조를 물은 뒤 질문합니다.

"헌법은 최상위 법입니다. 모든 법 조항은 단어 하나하나에 신중을 기합니다. 그런데 1조 ②항에서 '모든 권력은 국민으로부터 나온다'고 했는데 굳이 그 권력 앞에 '모든'이라는 관형사를 넣은 까닭은 무엇일까요?"

여러분께서도 지금 더 읽기 전에 저의 질문을 받았다고 가상하고 짚어 보기 바랍니다. 무슨 까닭일까요. 강의실 대학생들이 그랬듯이 아마 적잖은 분들이 알아차렸으리라 생각합니다.

"권력은 국민으로부터 나온다"라고 했을 때, 대다수는 그 권력에 '정치권력'만을 떠올리기 십상입니다. '모든'이 들어간 까닭은 정치권력만이 아니라 다른 권력들까지 포함하고 있어서입니다.

정치권력 외에 어떤 권력(power)들이 떠오르나요?

가장 많은 답이 경제 권력입니다. 맞습니다. 현대 사회에서 대기업 회장으로 상징되는 자본은 정말 큰 권력을 행사하고 있지요. 정치권력은 왕정 때와 달리 세습할 수 없지만 경제 권력은 마치 자연스럽고 당연하다는 듯이 세습합니다. 그뿐인가요. 사회 권력도 있고, 문화 권력도 있습니다. 문화 예술계와 체육계에서 종종 불거지는 성폭력은 권력과 사뭇 거리가 있을 법한 세계에서도 권력이 작동하고 있다는 증거입니다.

알다시피 '모든'은 모호한 수식어가 결코 아닙니다. 사전 풀이 그대로 "빠짐이나 남김이 없이 전부"를 뜻합니다. 그러니까 "모든 권력은 국민으로부터 나온다"는 말은 우리가 인생을 살아가며 일상생활에서 부닥치는 모든 권력, 바로 그 모든 것이 국민으로부터 나오는 나라가 민주공화국이라는 뜻이지요.

그래서 대학생들에게 지금 몸담고 있는 대학에서 권력은 누가 갖고 있는가를 물어봅니다. '권력'이라는 말이 아직 낯설어 멀뚱멀뚱하는 학생들에게 물음을 고쳐 줍니다. 우리 대학의 중요한 의사결정을 누가 하느냐고 묻지요. '총장'이라는 말이 많이 나옵니다. 맞습니다만 사립 대학의 경우에는 재단 이사장이 더 강력하지요. 재단 이사장이 총장 임면권을 비롯해 교수 인사권도 갖고 있으니까요.

한국의 대학생들은 자신이 소속한 학과의 교수 임용은 물론 학과와 학교 운영에 의사 결정 참여권이 없습니다. 발언권조차 미약합니다. 더 큰 문제는 학생들이 그것을 당연하게 생각하는 데 있습니다.

그런데 어떤가요. 민주공화국에서 모든 권력이 국민으로부터 나온다면, 민주공화국 안에 있는 대학에서도 권력은 학생들로부터 나와야 옳지 않을까요? 학교의 주인은 학생이니까요.

실제로 노르웨이에서 교수를 새로 임용할 때 선발 채점권을 기존 교수에게 1/3, 대학생 대표에게 1/3을 준다고 하죠. 그 사실만으로도 한국 학생들은 실감이 나지 않는 표정입니다. 그도 그럴 것이 우리 대학생들은 자신의 학과 교수 선발에 전혀 관여하지 못하거든요. 기존의 학과 교수들이 선발해서 1, 2, 3위 명단을 재단과 총장실에 제출합니다. 서로를 존중한다면 학과에서 1위로 올리는 후보를 임용하는 것이 마땅하지만 그렇지 않은 경우가 많습니다. 기존 학과 교수들이 1/3, 사립 학교 재단이 2/3 비율로 결정한다고 할 수 있겠지요. 좋게 보아서 그렇지 실상은 재단이 결정합니다. 노르웨이 대학과 정말 큰 차이가 나지요. 그럼 노르웨이 대학에서 나머지 채점(1/3)은 누구 몫일까요? 바로 대학원생 대표입니다. 학생들이 2/3를 차지하니까 학과 교수 선발권을 사실상 이들이 지닌 거죠.

더 놀라운 사실이 있습니다. 노르웨이에서 대학생들은 전혀 학비를 내지 않습니다. 한국의 대학들 대부분은 학생들의 등록금으로 운영되니, 당연히 참여 비율이 높아야 할 텐데 정반대인 거죠.

가장 심각한 것은 그런 사실들을 한국 대학생 대다수가 모르고 있다는 점입니다. 극소수가 알고 있지만, 그들조차도 그것을 한낱

'정보'의 하나로 여기기 십상이고 문제 해결 의지는 거의 보이지 않습니다.

여기서 우리는 다시 자문할 수 있겠지요. 우리 대학생들은 과연 민주공화국에 살고 있는 걸까요? 그렇게 살고 있다는 생각은 착각이 아닐까요?

대학을 보기로 들었지만, 기성세대가 몸담고 있는 기업들도 마찬가지입니다. 아니, 더 심각하지요. 각 조직에서 최고 의사 결정권은 아래로부터 올라오지 않습니다. 그나마 정치권력은 투표를 통해 위임이라도 받았지만 기업은 물론 사립 대학과 언론사는 전혀 아닙니다.

기업의 자본가처럼 사립 대학과 언론사의 재단 이사장이나 사주는 그 조직에서 왕처럼 군림합니다. 그럼에도 왜 우리는 민주주의 나라에, 민주공화국에 살고 있다고 착각하는 걸까요. 그 문제에 해답을 함께 찾아보면 어떨까요. 그러려면 민주주의가 걸어온 길을 톺아보려는 수고스런 성찰을 아끼지 말아야 합니다. 민주주의 전개 과정에 은폐되어 있는 비밀과 진실을 꿰뚫어 볼 수 있어야 합니다. 그래야 여러분이 그 안에서 평생을 살아갈 민주주의가 한 걸음 더 나아갈 수 있거든요.

그럼 지금부터 열 차례에 걸쳐 민주주의 강의를 열겠습니다. 먼저 각 강의의 주제를 제목에 담아 강의 계획서(이 책의 차례)에 제시해 놓았으니까요. 각 강의별로 주제에 대한 자기 생각을 사전에 정리해 보고 수업에 임하길 거듭 권해 드립니다. 스스로 생각을 짚어 본 뒤에 강의실에 오면 자신의 생각과 저의 생각을 비교해 볼 수 있겠지요. 그래야 기성세대인 제 생각보다 더 새롭고 창조적인 사유를 펼쳐 갈 수 있습니다. 열린 마음으로 그런 과정을 거칠 때 비로소 생각의 근육이 발달할 수 있고, 민주주의가 성숙 단계로 들어가는 과정에서 길라잡이인 '성숙한 주권자'로 거듭날 수 있습니다.

자, 그럼 제1강의 주제인 '정치 벗어난 인생 가능할까?' 물음부터 스스로 생각해 보고 나아갑시다.

DEMO
CRACY

1부

민주주의 비밀과 진실

민 주 주 의
특 —— 강
제
1
강

인간은 정치를 벗어날 수 있을까?

삼포 세대와 '이생망'의 정치학

흔히 인생은 한 치 앞을 모른다고 합니다. 그만큼 살아가면서 예기치 못한 일들이 많이 일어나지요. 하지만 개개인의 인생에는 누구도 부정할 수 없는 필연이 있답니다. 우리가 왕왕 망각하며 살아가지만 모든 사람의 인생은 일회적입니다. 인간의 삶은 전혀 '리셋'을 할 수 없습니다.

'이생망'이라는 말을 여러분 모두 들어 보았겠지요. "이번 생은 망했다"를 줄여서 만든 말로 신문과 방송, 인터넷을 타고 빠르게 퍼졌습니다. 그 말을 들먹이는 이들도 환생을 믿는 사람은 거의 없으리라 짐작되지만, 그럼에도 '이번 생' 외에 다른 생은 없음을 결코 잊어서는 안 됩니다.

백번 양보해서 설령 있다고 하더라도 전생을 기억할 수 없습니다. 그러니까 지금 살고 있는 삶, 인생은 오직 한 번뿐입니다. '이생망'을 되뇌며 삶을 포기하는 것은 자유이지만, 그 책임은 오롯이 자신이 져야 합니다.

물론 '이생망'이라는 자조적 말이 등장하는 사회적 배경을 우리 모두 알고 있습니다. 딴은 어디 이생망뿐입니까. 삼포 세대(연애, 결혼, 출산을 포기한 세대)에서 오포 세대(취업, 내 집 마련 추가), 칠포 세대(희망, 인간관계 추가)로 계속 이어지더니 'N포 세대'라는 신조어까지 나왔습니다. 단순히 일부의 과장이나 갈등 조장이 아닙니다. 곤두박질치는 출생률은 바로 삼포 세대의 조용한 항거입니다.

삼포 세대가 한창 퍼져 가던 시기에 취업 포털 '사람인' 조사(2012)를 보면, 한국의 20~30대는 10명 가운데 4명이 자신을 삼포 세대로 생각하고 있습니다. 더러는 삼포 세대를 논의하는 사람들이 사회 갈등을 조장한다고 눈 흘깁니다. 하지만 아닙니다. 삼포 세대가 분명히 현실에 존재하고 있거든요. 그 엄연한 사실을 무시할 때 오히려 사회 갈등은 더 커질 수 있습니다. 삼포 세대의 반란이랄 수 있는 출생률 저하는 한국 경제의 앞날에 짙은 먹구름을 드리우고 있습니다. 어쩌면 삼포 세대의 항거나 반란이 아니라 '복수'라 불러야 더 적실할지 모르겠습니다.

젊은 세대를 부르는 신조어로 언론에 더 많이 등장하는 'MZ세대'가 있지요. 대체로 1980~1996년 사이에 출생한 M세대(밀레니엄 세대)와 1997~2012년 출생자를 말하는 Z세대를 아우릅니다. 그러니까 MZ세대의 앞은 이미 기성세대로 편입되고 있는 거죠. 실제로 그들이 기업에서 차지하는 비중이 2023년에 60%가 넘었습니다.

그런데 MZ세대에 대한 논의도 좌절 이야기가 지배적입니다. 의욕 상실증에 걸린 '번아웃 세대'라는 말까지 나오고 있지요. 번아웃(burnout)은 일에 치여 자아를 잃고 정서적 고갈에 다다른 상태를 말합니다. 회계 · 컨설팅 그룹인 '딜로이트 글로벌'의 2022년 설문조사에 따르면 MZ세대의 45% 이상이 높은 노동 강도와 노동량으로 '번아웃'을 경험하고 있습니다. MZ세대의 40% 이상은 자신의 일터에서 동료들이 최근 번아웃으로 퇴사했다고 밝혔지요. 신입사원 10명 중 3명이 1년 안에 퇴사합니다. 열정에 넘치던 신입 사원들의 의욕이 곧 침체되고 좌절을 겪으며 일에 무관심해지는 현상은 개개인만이 아니라 한국 경제에 큰 위험 요소가 아닐 수 없습니다. 앞으로는 기업의 성장은 물론 생존에도 창의성이 중요할 테니까요.

실제로 청년들의 삶은 불안정합니다. 1997년 국제통화기금(IMF)으로부터 구제 금융을 받으면서 한국 경제가 신자유주의에 편입됨에 따라 비정규직이 늘어나며 일자리가 안정감을 잃었거든요. 기약 없는 취업 준비에 더해 비싼 대학 등록금으로 인한 학자금 대출 상환 압박, 치솟은 집값으로 연애, 결혼, 출산을 포기하거나 늦추는 현상이 퍼져 갔습니다.

그런데 시야를 조금만 넓혀 보면 비단 청년 세대만의 문제가 아님을 알 수 있습니다. '노포 세대'라는 신조어도 유행하고 있으니까요. 사회 경제적 어려움으로 삶을 포기한 노인 세대를 이릅니다. 65세 이상 노인 자살률과 노인 빈곤율 모두 OECD 회원국 평균보다 세 배가량 높습니다. 늘그막에 삶을 포기하는 노인들에게 '이생망'은 더 사무치고 몹시 서글플 성싶습니다.

청년에서 노년에 이르기까지 수많은 사람이 자신의 인생이 실패라며 체념하거나 우울증에 빠지는 데 '이생망 문화'가 한몫하고 있다면, 한번쯤은 진지하게 물음을 던질 필요가 있지 않을까요. 누군가가 현세의 삶을 체념케 하는 정서를 교묘히 유도하는 건 아닐까라는 의문이 그것입니다. '아, 다들 그렇게 사는구나'라며 좌절감을 달래거나 신파조로 살아가며 모든 것을 개개인의 운명이나 책임으로 돌리니까요. 그렇다면 내세나 천국을 내세워 지금 여기의 고통을 인내하라고 가르치거나 신분제를 정당화한 중세의 사상과 무엇이 다를까요.

두루 알다시피 서양이든 동양이든 민주주의 이전의 중세 체제는 신분 제도가 엄격했고 정치는 왕과 귀족이 독점했습니다. 절대다수는 출생부터 죽음까지 저들의 세습적 지배 아래 억압과 착취, 차별을 당했지요. 21세기에 살고 있는 우리에게 터무니없는 현상이지만 인류는 수천 년을 그렇게 살아왔습니다.

서양사에서 기독교는 예수의 가르침과 별개로 혹은 정반대로 신분제 아래서 착취당하고 고통받는 민중들에게 그 현실을 인내하라고 가르쳤습니다. 지배 계급이 종교를 통해 그 시대의 질서—신분제에 기초한 반민주적 질서—에 순응하라는 의식을 주입한 거죠. 기독교 성직자들은 민중들에게 피안의 세계로 천국을 제시했습니다.

동양에서 불교는 붓다의 본디 가르침과 달리 "다음 생에 복을 받는다"는 주장을 펼 때가 많았지요. 의도했든 아니든 억압적이고 착취적인 현실의 고통을 적극적으로 해결하려는 민중의 의지를 수그러들게 했습니다.

예수와 붓다가 자신을 받드는 무리들이 어떤 일을 저질러 왔는지 안다면 아마도 경악하지 않을까요. 21세기가 되었고 인터넷이 퍼져 있는 시대에 기독교와 불교가 중세 시대처럼 부정적 영향을 주지는 못한다고 생각할 수 있겠습니다. "종교는 민중의 아편"이라는 비판을 받으면서, 종교인들 스스로 예수와 붓다의 가르침으로 돌아가자는 운동도 펼치고 있거든요.

하지만 중세 시대에 종교가 했던 부정적 기능이 온전히 사라지지는 않았습니다. 다만 현대 사회에선 종교 못지않게 미디어가 그런 구실을 하고 있지요. 그 점에 대해서는 강의 후반에 상세히 설명하겠습니다.

예나 지금이나 호의호식하며 부와 권세, 명예를 누리는 자들은 정치적 변화를 달갑게 여기지 않습니다. '지금'으로서 충분하니까요. 자신들이 소유한 부와 권세를 지키기 위해서 현재의 정치 체제를 흔드는 사람들을 위험시하게 마련이지요. 과거에 내내 그랬듯이 지금의 현실, 더 정확히 말하자면 정치 현실을 바꾸려는 민중의 의지를 잠재우고 싶어 합니다. 다만 그 방법이 더 은밀하고 더 은폐되어 있을 따름입니다. 그 연장선에서 '이생망'이나 '삼포 세대'라는 말이 퍼져 가고 있는 것은 아닌지 짚어 볼 필요가 있습니다. 그런 물음이 왜 필요한가에 대해 조금 더 구체적으로 살펴볼까요.

은폐된 민주주의의 적들

여론 조사 기관인 글로벌리서치가 한겨레경제사회연구원 의뢰로 실시한 설문 조사(2018) 결과는 젊은 세대를 일괄적으로 뭉뚱그리는 분석이 얼마나 잘못인가를 단숨에 깨우쳐 줍니다. "우리 세대는 사회 경제적으로 다른 세대에 비해 더 많은 기회와 혜택을 누렸다"는 설문에 젊은 세대는 과연 어느 정도 동의했을까요?

그 물음에 여러분께서 먼저 답해 보고 읽어 가기 바랍니다. 강의실에서도 잠깐 생각할 시간을 주거든요. 언뜻 삼포 세대라는 말이 퍼져 있던 청년 세대가 가장 부정적이라고 예상할 수 있겠지요. 하지만 결과는 다릅니다. 예상 밖으로 50대(38.3%)와 함께 20대(37.5%)

의 동의가 가장 높았습니다.

왜 그럴까요. 경제적 차이에 따른 응답을 살펴보면 그 이유를 알 수 있습니다. 부유한 집 출신 20대의 56.3%가 동의했거든요. 반면에 가난한 집 출신은 동의율이 28.6%입니다. 그 설문에 동의한 정도, 그러니까 현실 인식에 갑절 정도의 차이가 있는 거죠. 부유한 부모를 둔 20대는 '자신의 세대가 더 많은 기회와 혜택을 누리고 있다'는 자의식이 모든 집단을 통틀어 가장 높았습니다. 부유한 50대(46.7%)보다도 훨씬 높았지요.

삼포 세대라는 말이 무색할 만큼 부유한 20대는 희망이 넘칩니다. 10명 중 9명꼴인 89.6%가 미래를 희망적으로 바라봅니다. 모든 집단을 통틀어 가장 높지요. 반면 가난한 20대는 단지 32.1%만 미래를 희망적으로 인식했습니다. 10명 중 6명은 자신의 미래에서 희망을 찾지 못하고 있는 거죠. 바로 이생망, 삼포 세대 현상입니다.

한겨레경제사회연구원의 한귀영 박사는 20대가 "생물학적으로는 같은 세대지만 사회적으로는 같은 집단이 아니다"라고 풀이합니다(한겨레, 2019년 9월 27일). 대한민국의 20대를 일러 '처음으로 부모 세대보다 가난해지리라는 불안에 사로잡힌 세대'라고들 말하지만, 경제적 상위층의 젊은이들은 '단군 이래 가장 희망과 경쟁 의욕에 가득 찬 세대'라는 겁니다.

따라서 1980년 이후 태어난 세대를 'MZ세대'라는 하나의 기호로 묶는 것은 현실을 호도할 수 있습니다. '이생망'과 '삼포 세대'론에 숨은 또는 은폐된 정치를 파악해야 할 까닭입니다. 정치가 우리 개개인의 인생에 더 깊숙한 영향을 끼치고 있기에 더 그렇습니다.

미국의 정치 사회학자 로버트 매키버는 "민주주의의 가장 큰 적은 외부의 전체주의적 국가도 내부의 비민주 세력도 아니라, 민주주의가 정확히 무엇인지를 알지 못하는 시민들의 무지"라고 말했습니다. 그의 말은 권력자의 책임을 애먼 사람에게 돌리는 문제가 있습니다. 그럼에도 새겨 볼 명제인데요. 그 권력자를 선출한 사람이 바로 '시민'이기 때문이지요.

다시 글로벌리서치의 설문 조사를 들여다볼까요. '연대와 협력이 우선시되는 사회'와 '경쟁과 자율이 우선시되는 사회' 중 "현재 귀하가 원하는 사회의 모습은 어느 것에 가깝습니까?"에 응답 결과가 흥미롭습니다. 부유한 20대의 절반이 '경쟁과 자율이 우선시되는 사회'를 선택했습니다. 모든 집단을 통틀어 가장 높을 만큼 경쟁에 자신이 넘치는 거죠.

〈표 1〉에 나타나듯이 부유한 집안의 20대들은 그렇지 않은 집안의 20대들과 달리 각자도생의 경쟁 체제를 적극 환영하고 있습니다. 중상층과 하층이 바라는 사회는 정반대의 모습입니다. 세대를 떠나 전체를 대상으로 한 조사에서도 자산 규모에 따라 '원하는 사회'의 모습이 다릅니다.

어쩌면 그 조사 결과보다 더 새겨 보아야 할 설문은 '정치'를 바라보는 젊은 세대의 시각입니다. 정치에 대한 이해와 관심, 정치적

<표 1> 20대의 계층별 '원하는 사회' 모습

(단위 : %)

연령과 계층	경쟁과 자율 우선	중도	연대와 협력 우선	계
만 19~29세 중상층 이상	50.0	29.2	20.8	100
만 19~29세 중간층	35.4	32.9	31.7	100
만 19~29세 중하층	34.2	24.8	41.1	100
만 19~29세 하층	28.6	19.6	51.8	100

<표 2> 자산 규모에 따라 '원하는 사회' 모습

(단위 : %)

연령과 계층	경쟁과 자율 우선	중도	연대와 협력 우선	계
1억 원 미만	34.6	24.2	41.1	100
1억~3억 원 미만	33.9	22.1	44.0	100
3억~6억 원 미만	35.8	24.3	39.9	100
6억 원 이상	44.1	23.9	32.0	100

* 글로벌리서치 · 한겨레경제사회연구원 설문 조사(2018)를 근거로 저자가 재구성.

효능감에 대한 인식에서 부유한 20대와 그렇지 않은 20대 사이의 차이가 큽니다. '나는 우리나라가 당면한 정치 문제를 잘 이해하고 있다'는 질문에 부유한 20대들은 72.9%가 '그렇다'고 응답했지만 그렇지 않은 20대는 64.3%입니다.

2023년 2월 국가수사본부장으로 임명된 검사 정순신의 10대 아들이 고등학교 재학 중에 학교 폭력을 일삼은 사실이 드러났는데요. 고등학교 1학년이던 그 아들은 학우를 괴롭히며 "제주도에서 온

돼지 새끼", "빨갱이 새끼", "더러우니까 꺼져라", "넌 돼지라 냄새가 난다." 따위의 말을 무시로 했습니다. 더구나 학우들에게 "아빠가 아는 사람이 많다"는 식으로 위세를 부리고 "검사라는 직업은 다 뇌물을 받고 하는 직업이다"라고 자랑하며 "판사랑 친하면 재판에서 무조건 승소한다"고 단언했지요. 더 나아가 "돈 많고 사회에 불만 없는 우파 보수 친구들을 구한다"며 "정치 성향 테스트만 통과하고 면접을 해서" 뽑는다는 동아리 모집 공지를 후배를 시켜 학우들에게 보냈습니다.

다시 설문 조사로 돌아가 볼까요. '정치가 바뀌면 나의 삶도 바뀔 수 있다'는 설문에는 부유한 집안의 20대와 그렇지 않은 20대 사이에 차이가 더 커져서 동의율이 각각 81.3%, 62.5%로 나타납니다. 계층과 자산 규모에 따른 설문 조사 결과에서 우리는 개개인의 삶에 들어와 작동하고 있는 권력관계를 읽을 수 있지요. 부유한 집안의 20대는 물론, 고위직 검사의 아들이 생생하게 보여 주었듯이 부유한 10대들까지 한국의 정치 현실을 잘 이해하고 있을뿐더러 정권이 자신의 삶에 영향을 끼친다는 사실까지 파악하고 있습니다.

그렇다면 여기서 매키버가 주장한 '민주주의 최대의 적'을 새롭게 음미해 볼 수 있지 않을까요. 이생망과 삼포 세대 담론에 고개 끄덕이며 민주주의를 단순히 선거제로 이해하고 있다면, 민주주의의 기장 큰 '적'은 바로 당신일 수 있습니다.

정치적 무관심의 대가

'이생망'과 '삼포 세대'론에 숨은 또는 은폐된 정치를 파악한 우리는 이제 진지하게 짚을 때가 되었습니다. 그렇다면 정치란 무엇인가라는 물음이지요. 우리가 일상생활에서 '정치적'이라는 말을 음험하거나 부정적으로 쓰고 있기에 더 그렇습니다. 정치학의 고전적 명제인 "인간은 정치적 동물이다"부터 살펴볼까요. 고대 그리스 철학자 아리스토텔레스의 유명한 그 명제 또한 오해를 받고 있습니다. 더러는 그 말을 인간이란 권력을 추구하는 동물이라 이해하고 더러는 인간이 정치인들의 움직임에 민감하게 반응하는 현상으로 설명합니다.

하지만 아닙니다. 아리스토텔레스가 『정치학』을 집필하며 쓴 그 명제는 '인간이란 정치 공동체를 이루면서 살아갈 수밖에 없는 존재'라는 뜻입니다. 더러는 '인간은 정치적 동물'이라 번역하지 않고 원문의 의미를 최대한 살려서 '인간은 본성적으로 국가 공동체를 구성하는 동물'이라고 번역하기도 합니다.

우리가 인간을 정치적 동물, 본성적으로 정치 공동체를 이루며 살아가는 동물이라는 아리스토텔레스의 명제에 공감하는 까닭은 무엇일까요.

첫째, 생존입니다. 인간의 몸은 자연에서 홀로 살아가기엔 너무 연약합니다. 인간이 안정적으로 살아가려면 공동체가 꼭 필요합니다. 아리스토텔레스는 가장 먼저 생겨난 공동체를 가족으로 보았습니다. 날마다 되풀이되는 필요를 충족하기 위해 자연스레 형성된 공동체라는 거죠. 가족 구성원을 '식구' 또는 '식탁의 동료들'이라 부른 이유입니다.

그런데 '날마다 되풀이되는 필요 이상을 충족'하려면 여러 가족으로 구성된 최초의 공동체가 요구됐는데 그것이 '마을'입니다. 한 가정에 있던 자녀와 손자들이 계속 분가해 나가면서 이윽고 마을이 형성됩니다. 현대 한국에서도 '집성촌(集姓村)'을 찾아볼 수 있지요. 같은 성씨의 씨족이 모여 사는 마을을 이르거든요. 시간이 흐르며 늘어난 여러 마을들을 결합해서 하나로 구성한 정치 공동체가 국가입니다.

둘째, 좋은 삶입니다. 아리스토텔레스는 단지 생존을 위한 필요의 산물로 국가를 보지 않았습니다. 국가를 통해 비로소 개인이 완전한 인간이 될 수 있다고 생각했지요. 국가라는 정치 공동체에 소속되지 않는다면, 개인은 생존할 수 없을 뿐 아니라 완전한 인간이 될 수도 없다고 보았습니다. 정치와 개개인의 보람 있는 삶 사이에 깊은 관련이 있다는 통찰이지요. 기실 좋은 삶은 개개인 사이의 공통된 문제를 다루는 정치가 좋아야 가능합니다.

아리스토텔레스는 "국가가 없는 자는 인간 이하거나 인간 이상"이라며 사람은 정치적 동물임을 거듭 강조했습니다. 사람이 공동체에서 좋은 삶을 살아갈 때 중요한 것이 언어인데요. 자연에는 서로 모여 사는 동물들이 적지 않지만, 인간은 그런 동물들과 달리 언어 능력을 지니고 있습니다. 언어를 통해 사람들은 무엇이 유익하고 무엇이 유해한지, 무엇이 옳고 무엇이 그른지 밝힐 수 있었습니다. 그런 인식을 공유함으로써 가정과 국가가 생성되고 유지되었지요.

아리스토텔레스가 『정치학』을 쓴 이후 많은 이들이 정치적 사유를 전개했습니다. 근대 이후 정치학이 주요 학문의 하나로 자리 잡았지요. 인간이 정치적 동물이라는 명제는 현대 정치학에서도 흔들리지 않는 전제입니다. 인간은 적극적인 관계를 맺든 소극적 관계를 맺든 공동체에서 살아가는 존재임이 분명하니까요. 개개인 사이의 이해관계 조정을 비롯해 공동체를 유지하기 위해서도 정치는 불가피합니다.

현대를 살고 있는 우리는 흔히 정치를 '정부 활동이나 정부에서 일어나는 현상'쯤으로 이해합니다. 정치를 정부와 관련하여 파악하는 견해이죠. 좁게는 행정부, 넓게는 의회와 사법부에 지방 정부까지 아우를 수 있습니다. 하지만 그렇게 범위를 넓혀도 여전히 좁은 개념입니다. 폭넓게 정치를 정의한다면 '공동체를 위해 수행하는 기능'이라 할 수 있습니다. '정의 실현, 질서 유지, 교육, 갈등과 모순의 해결, 행복한 삶 제공'들이 그것이지요.

그런데 정치를 삶의 관점에서 구체적으로 정의할 때 우리는 '권력관계'에 주목하게 됩니다. 정부, 의회를 넘어 개개인 사이에 갈등과 충돌이 일어나는 모든 곳에는 권력관계가 생겨난다는 논리인데요. 사람들 사이에 성립하는 권력관계가 곧 정치의 본질이라고 보는 거죠. 서울대에서 정년 퇴임한 정치학자 김세균은 정치 현상을 "직접적으로 인간들 사이에 성립하는 권력관계"라고 간명하게 풀이합니다. 여기서 권력관계란 곧 사람과 사람들 사이에 성립하는 모든 사회적 힘의 관계를 뜻하지요.

권력관계라고 해서 일상과 동떨어진 듯 생각할 문제가 아닙니다. 사람과 사람 사이에 힘의 차이는 언제나 있으니까요. 태어날 때부터 사실 그 차이는 나타납니다. 지금은 많이 완화되거나 평등해졌지만 과거 가부장적 질서에서 가장의 권력은 절대적이었지요. 초등학교에 들어가면 학우들 사이에 힘의 관계가 나타납니다. 이른바 '왕따'라는 따돌림 현상도 권력관계의 하나이지요. 중고교 시절 학교의 권력이 성적 또는 주먹으로 좌우되는 사실도 흥미롭습니다.

학업을 마치고 일터에 들어서면 사람 사이의 권력관계는 한층 명확해지지요. 주요한 사회적 힘의 관계에는 정치적(좁은 의미의 정치), 경제적, 이데올로기적 관계가 있습니다. 이데올로기는 여러 학술적 논의가 있지만, 대체로 『표준국어대사전』이 풀이하듯 "사회 집단에 있어서 사상, 행동, 생활 방법을 근본적으로 제약하고 있는 관념이나 신조의 체계"를 이릅니다. 어떤 사회든 지배적인 이데올로기가 있게 마련입니다.

그런데 그 정치적, 경제적, 이데올로기적 관계가 대등하지 못한 데서 여러 문제가 불거집니다. 권력관계는 사람들 사이에 누구는 지배하고 누구는 지배당하는 지배-피지배 관계로 나타납니다.

당연히 지배당하는 사람들은 권력관계를 변화시키려 하겠지요. 그와 정반대로 지배하는 사람들은 현재의 권력관계를 유지하려고 합니다. 권력관계를 변화시키려는 사람들과 유지하려는 사람들 사이에 갈등과 싸움이 일어나게 마련입니다. 정치학에서 그 투쟁을 '권력 투쟁(power struggle)'이라고 부르지요. 그래서 김세균은 '정치'를 광의의 "권력 투쟁을 통해 인간들이 맺고 있는 사회적 관계를 유지—재생산시키거나 변화—혁신시키는 인간의 사회적 실천"으로 정의합니다. 권력관계는 종종 '강권의 행사'로 나타납니다. 김세균에 의하면 정치는 "강권의 행사로 매개되는 권력관계를 유지 또는 변화시키려는 인간들의 사회적 실천"이거든요.

권력관계는 좁은 의미의 정치만이 아니라 기업, 이익 단체, 노동조합, 국제기구, 심지어 가정에서도 발견할 수 있습니다. 그 모든 곳에서 어떤 사람들이 다른 사람들의 행위나 의사 결정에 영향을 끼치거든요. 모든 사회적 관계는 그 자체로서 이미 권력관계를 포함하고 있습니다.

사회적 관계의 유지 또는 변화는 권력관계의 유지 또는 변화를 가져오고, 그 역도 마찬가지입니다. 정치는 사회적 관계의 유지나 변화에 결정적으로 중요한 인간의 사회적 실천입니다. 모든 권력관계를 민중이 통제할 수 있을 때 우리는 그것을 민주주의로 이해할 수 있습니다.

어떤 사회적 관계 속에서도 그에 내재된 권력관계를 유지 또는 변화시키려는 인간들의 활동이 많든 적든 있게 마련입니다. 그 점에서 모든 인간들은 자신이 의식하든 의식하지 않든 권력관계의 유지-변화를 둘러싼 투쟁, 곧 권력 투쟁에 이미 많든 적든 참여하고 있는 거죠. 특히 생산 관계를 중시할 필요가 있습니다. 식량을 비롯한 생활필수품 생산 없이 어떤 공동체도 유지될 수 없으니까요.

혹 권력 투쟁에 무관심한 채 일터에서 자신에게 주어진 업무만을 충실히 수행하는 사람이 있다면 어떻게 될까요. 그는 자신이 비정치적이라고 스스로 생각할지 모르지만, 그러한 행위는 실제로는 현재 일터 내부의 권력관계를 온전히 유지하는 데 기여하게 됩니다.

비정치적 행위가 실제로는 명시적인 정치적 행위 이상의 정치적 의미를 지니는 현상을 저는 간결하게 '정치 무관심의 정치'로 개념화한 바 있습니다. 자신은 정치에 무관심하다며 완강히 거리를 둘 때, 본인의 의도와 무관하게 현재의 사회 질서에서 특권이나 기득권을 누리는 사람들 편에 서게 되니까요. 정치에 관심 갖지 않도록 정치인들을 환멸의 대상으로 분칠하는 언론에 대해서도 그들의 의도를 짚어야 합니다.

물론 정치인들에 대한 환멸이 근거 없다는 뜻은 아닙니다. 정치인 불신은 세계적 현상이니까요. 한국 언론도 정치에 환멸을 불러일으키는 보도들을 무수히 내놓고 있습니다. '정치적'이라는 말이

교활하다거나 계산적이라는 부정적 의미로 쓰이고 있지요. 대학가에서도 학생들 사이에 정치를 주제로 한 논의는 금기처럼 되어 있습니다. 정치에 관심 있는 학우를 '진지충'이라며 벌레의 일종으로 취급하며 따돌리기도 합니다.

이제 차분히 물어야겠지요. 정치 환멸이 퍼질 때 이익을 보는 사람은 누구인가를. 혹 그들이 정치 환멸을 유도하는 것은 아닐까를. 아울러 그 결과까지 종종 되새김질할 필요가 있습니다. 정치에 환멸을 느끼며 멀리할 때 결국 특권과 기득권을 가진 사람들에 의해 자신의 삶이 좌우되는 상황을 맞게 되니까요. 정치는 우리의 무시에 반드시 보복하거든요. '정치 무시의 정치'랄까요.

새삼스런 사실이지만 오늘날 우리가 살고 있는 사회는 자본주의 사회입니다. 때문에 경제 권력인 자본이야말로 중요한 권력이지요. 일터의 권력관계를 좀 더 자세히 들여다볼까요. 자본은 일하는 현장에서 노동인들에게 지시와 명령을 내립니다. 자신이 고용한 노동인들에게 임금을 지불하는 대가로 그들이 생산하는 물자를 모두 자기 것으로 하고 팔아서 돈을 법니다. 노동인들에게 '해고'라는, '목을 자른다'로 표현할 만큼 큰 권력을 행사할 수 있지요.

자본은 경제 권력에 그치지 않습니다. 정치권력에 영향을 끼치는 것은 물론 교육 기관이나 언론 기관, 심지어 종교 기관까지 지배할 수 있습니다. 한국 사회도 자본주의가 뿌리내리면서 부와 교육이 세습되고 있지요. 이른바 '명문대'가 온갖 과외를 통해 '시험 능력'을 높인 고소득층 자녀로 채워지고 있거든요. 대학 입시 자체가 불평등의 재생산 장치가 된 셈입니다.

특정의 정치 이데올로기가 대다수 사회 구성원의 의식을, 더 나아가 무의식을 지배할 때 그 이데올로기는 그 시기의 지배 이데올로기 내지 한 사회를 주도하는 헤게모니적 이데올로기가 됩니다. 실제로 교육 기관과 언론 기관, 종교 기관이 국가와 더불어 사회의 중요한 이데올로기적 권력체로서 기능하고 있습니다.

21세기에 들어서면서 세계적으로 민주주의가 위기를 맞고 있다는 진단이 곰비임비 나오고 있습니다. 실제 지구촌에서 살아가는 수십억 인류의 삶에 민주주의 위기가 어두운 그림자를 드리우고 있거든요. 민주 정치의 위기를 곰곰 살펴야 할 이유입니다. 정치를 벗어난 삶은 가능하지 않으니까요.

정치
산책

정치가 사랑과 결혼까지 틀 짓는다면

우리 인생에서 소중한 사랑과 결혼조차 정치에 좌우된다는 생각을 해 보았나요? 정치가 자신의 사랑과 결혼까지 틀 지을 수 있다는 말에 어쩌면 반감이 들지 모르겠는데요. 하지만 생생한 증언을 소개해 드리죠.

먼저 물어볼까요. 결혼 적령기 미국 여자가 남자를 만나면 가장 먼저 무슨 말을 할까요? 미국 변호사 토머스 게이건은 자신의 책에서 돈을 얼마나 잘 버는지부터 대뜸 확인한다고 증언합니다. 돈을 잘 벌면 계속 마주하지만, 못 벌면 바로 자리에서 일어난답니다. 할리우드 로맨스 영화와 사뭇 다른 풍경이죠. 물론 유럽 여자도 돈에 전혀 신경을 안 쓸 수는 없겠지요. 그럼에도 최소한 첫 번째로 물어보지는 않습니다. 그가 독일에서 살아 본 경험을 바탕으로 출간한 책 『미국에서 태어난 게 잘못이야』는 미국식 민주주의와 유럽식 민주주의 차이를 실감 나게 증언합니다.

흥미롭게도 게이건은 미국 여자들을 흉보지 않습니다. 오히려 그들이 처음 만난 남성에게 얼마를 버느냐고 묻는 것은 상당히 일리가 있다고 주장합니다. '어떻게 해야 자식을 더 많이 낳을 수 있는가? 어디에서 자식을 더 안전하게 키울 수 있을까?'라는 본능에 충실한 질문이라는 거죠. 다윈의 적자생존 논리처럼 잔인한 일이지만 미국에서는 사회 안전망이 충분하지 않는다는 것을 너무나 잘 알기에 그런다고 서술합니다. 가난한 사람이 많은 미국의 경우 결혼을 고민하는 여자라면 남자의 소득을 물어봐야 하고 자식을 굶기지 않으려면 더욱 그래야 한답니다. 전체 아동 가운데 빈곤 아동의 수가 4분의 1 가까이 되는 현실에서는 그게 정상이라는 거죠. 유럽의 여성들이 사랑과 결혼을 선택할 때 돈이 우선이 아닌 이유는 미국식 자본주의와 달리 유럽은 사회 복지 체계가 갖춰져 있기 때문입니다. 그 차이를 만드는 것이 무엇일까요? 정치입니다. 연애와 결혼과 출산을 포기하는 한국의 삼포 세대를 만든 것도 정치입니다.

독일은 1년에 6주 휴가를 보장합니다. 대학까지 학비가 없습니다. 복지 제도 덕분에 해고되어도 생존의 위협을 받지 않습니다. 정년퇴직하면 먹고 살 걱정이 없을 정도의 연금이 나옵니다.

미국과 독일의 민주주의 차이는 곧바로 젊은이들의 삶과 직결됩니다. 게이건은 시카고의 사립 대학생들이 비싼 등록금을 내고 빚에 찌들어 밤늦게까지 2교대, 3교대로 아르바이트 할 때 독일 대학생들은 등록금이 무료이기에 카페에서 마음껏 놀며 여유로운 청년기를 보낸다고 부러워합니다. 한국의 대학생들 형편이 어떤지는 굳이 말할 필요가 없겠지요. 그나마 미국에선 삼포 세대나 이생망 따위의 말이 나돌지는 않는다고 덧붙여야 할까요.

민 주 주 의
특 —— 강
제
2
강

새로운 독재의 시대

자유 민주주의를 위한 찬송과 장송

21세기를 앞두고 1989년에서 91년까지 3년 사이에 민주주의는 물론 세계사가 큰 변동을 맞았습니다. 20세기 전반에 두 차례 세계대전을 거치며 미국과 지구촌의 패권을 다투던 소련(러시아 혁명으로 들어선 '소비에트사회주의공화국연합'의 줄임말, 1991년 해체)을 비롯해 동유럽 공산당 체제가 무너져 내렸지요.

미국은 '공산주의는 실패로 끝났다'며 자유 민주주의의 승리를 선언하고 환호했습니다. 그 '기쁨'을 가장 빠르게 대변하며 찬송한 학자가 미국의 일본계 지식인 프랜시스 후쿠야마였지요. 미소 냉전 시대를 상징하던 베를린 장벽이 무너져 내린 1989년에 발표된 논문 「역사의 종언(The End of History?)」은 화제가 되었습니다. 그는 베를린 장벽의 붕괴와 더불어 인간의 의미 있는 역사적 실험은 더 이상 가능하지 않게 되었다며 인류사는 '자유 민주주의'와 더불어 최종 지점에 이르렀다고 주장했습니다. 미국의 입맛에 딱 맞는 이야기였지요. 미국 언론이 부각하고 학계에서도 의미를 부여하자 세계적으로 퍼져 갔습니다.

자신감을 얻은 후쿠야마는 책을 펴내며 "자유와 평등이라는 근대화 원칙과 아울러 과학 기술의 진보에 힘입은 경제 발전이 역사 진화의 일반적 논리"라고 단언했습니다(『역사의 종언과 최후의 인간』, *The End of History and the Last Man* 1992). 자유 민주주의의 승리를 누구도 부인할 수 없다며 미국과 서유럽 사회로 줄 잇는 이민의 물결을 "두 발로 투표하는 방식(the way people 'vote with their feet')이라고 평했지요. 후쿠야마는 자신의 주장이 '미국식 승리주의'라는 비판에 대해 자신은 오히려 국가 주권을 넘어서려는 유럽 연합 또는 유럽의 꿈(European dream)을 중시한다고 밝혔습니다. 그에게 유럽 연합은 "역사의 종언 순간에 나타나게 될 최후의 인간을 위해 지어진 집"입니다.

하지만 프랑스 철학자 자크 데리다도 지적했듯이 후쿠야마의 주장은 역사 자체의 종언에 관한 담론이 아닙니다. 자극적이고 선정적으로 '역사의 종언'을 이야기했지만 특정 역사 개념의 종언에 지나지 않지요. 역사가 전개되는 '종점'이 '우리 시대'에 왔다는 주장은 조금만 성찰해도 지나친 편견입니다. 인류의 역사는 과거에도 그랬듯이 언제나 미래로 열려 있으니까요.

실제로 자유 민주주의의 승리와 역사의 종언을 외친 후쿠야마는 그의 낙관적 전망과 전혀 다른 현실과 마주쳐야 했습니다. 미국 조지 부시 행정부가 '자유 민주주의 전파'를 명분으로 내걸고 이라크를 침략해 들어갔을 때 후쿠야마는 곤혹스러울 수밖에 없었지요. 그는 침략을 주도한 네오콘(미국의 강경 보수주의자들)과 결별을 밝히면서도 "자유 민주주의를 향한 광범한 하나의 역사적 흐름"은 분명 존재한다고 강변했습니다. 하지만 그뿐이 아닙니다. 그가 '역사의 종언 순간에 나타날 집'으로 기대한 유럽 연합의 꿈은 영국의 탈퇴가 보여 주듯 더 어두워졌습니다.

자유 민주주의 승리를 장밋빛으로 선언한 담론과 달리 지구촌의 자유 민주주의는 위기를 맞았습니다. 다름 아닌 미국외교협회(CFR)의 연구원 조슈아 컬랜칙은 경제 위기와 중산층의 배반, 그에 따른 권위주의의 귀환으로 '민주주의의 후퇴'가 전 세계적으로 나타나는 보편적인 현상이라고 지적합니다(『민주주의는 어떻게 망가지는가』, *Democracy in Retreat*, 2013). 손을 놓고 상황을 지켜보기만 한다면 퇴행적인 흐름을 되돌릴 수 없다고 경고했지요. 냉전이 종식되고 서방 세계의 승리가 확실해진 이후 민주주의의 큰 흐름이 되레 역행했다는 분석입니다.

구체적으로 서방 언론들이 요란하게 보도했지만 아랍에서 일어난 정변들은 아무런 민주적 결실을 맺지 못한 게 사실이지요. 아시아에서도 태국은 선거와 쿠데타가 되풀이되는 '기이한 민주화'에 머물러 있고, 미얀마에서는 군부가 쿠데타를 일으키고 민중을 학살하며 다시 권력을 거머쥐었습니다.

무엇보다 민주주의의 오랜 역사를 일궈 온 미국이나 서유럽 국가에서 민주주의가 후퇴하고 있습니다. 2008년 미국에서 시작된 세계적 금융 위기 이후 '점령하라(occupy)' 시위대가 뉴욕의 맨해튼에서 농성에 들어갔고 여러 나라들로 퍼졌는데요. 컬랜칙은 '성공적인 민주주의를 이루기 위해 없어서는 안 될 존재라고 오랫동안 간주되어 왔던 중산층이 수많은 나라에서 실제로는 민주주의에 등을 돌려 버렸다'고 진단합니다.

기실 여러 나라에서 중산층이 개혁을 받쳐주기는커녕 개혁의 걸림돌로 돌변한 사실은 민주주의의 세계적 후퇴 현상 가운데 가장 불안한 현상입니다. 민주주의가 정치 혼란과 부정부패를 불러오거나 경제 성장이 둔화되리라는 공포, 중산층인 자기들의 힘이 약화될 것이라는 우려, 유럽 국가들에 늘어난 이민자 유입들로 민주주의를 외면하게 되었다는 분석인데요. 부진한 경제 성장과 실업난에 실망한 노동 운동 세력 일부마저 높은 성장률을 위해 새로운 독재를 받아들일 수 있다는 태도를 보이고 있어 심각합니다. 민주주의의 후퇴와 세계 경제 위기의 파괴적인 영향이 또렷이 나타나고 있음에도 '대부분의 서방 세계 지도자들'은 별다른 고민 없이 민주주의가 결국에는 전 세계적으로 승리를 거둘 것이라고 가정하는데 이는 큰 잘못이라고 컬랜칙은 우려합니다.

더구나 미국식 민주주의 없이도 성공적인 경제 성장을 구가하는 중국이 제3세계의 많은 나라들에서 대안으로 등장하고 있습니다. 중국 또한 온 힘을 다해 자국의 모델을 홍보하고 있지요. 실제로 중국의 특수한 체제는 빠르고 효과적인 정책 결정을 가능하게 합니다. 그와 대조적으로 미국, 유럽, 일본을 비롯한 민주주의 선행 국가들의 통치 능력은 갈수록 저하되고 있습니다. 하지만 중국 또한 2023년부터 시진핑 장기 집권 체제로 접어들며 미래가 불투명해졌습니다.

민주주의가 후퇴하고 있다는 경고만으로 부족해서일까요. 미국외교협회 연구원이 '후퇴'를 진단하고 5년이 흐른 2018년에는 하버드대 정치학 교수 스티븐 레비츠키와 대니얼 지블랫이 '민주주의는 어떻게 죽는가(How Democracies Die)'를 묻고 나섰습니다(한글 번역본은 『어떻게 민주주의는 무너지는가』). 1989년 후쿠야마의 세계사적 찬송곡이 나오고 30년 남짓 만에 장송곡이 나온 셈이지요.

하버드의 두 정치학자가 민주주의 죽음을 진단한 결정적 이유가 미국 정치라는 사실이 주목할 만합니다. 그들은 트럼프가 "미국 사회가 용인할 수 있는 대통령의 행동 범위를 넓혔다"고 완곡히 표현하면서 "거짓말과 속임수, 탄압 등 예전에는 절대 받아들일 수 없다고 여겨졌던 행동들이 점차 정치인의 전술적 공구함 속으로 들어

가고 있다"고 분석합니다. 미국 정치에서 대통령이 공식 석상에서 진실을 말해야 한다는 생각은 이론의 여지가 없었지만, 트럼프는 자신이 했던 거짓말에 대가를 치르지 않았다고 지적합니다. 더구나 정파적 입장에서 정보의 진실성을 판단하는 정치와 미디어 환경 탓에 트럼프 지지자들은 그를 거짓말쟁이로 보지 않습니다.

무릇 민주주의 주권자들은 정확한 정보에 접근할 기본적인 권리를 지닙니다. 주권자들이 믿을 만한 정보를 얻지 못할 때 선거권을 올바로 행사할 수 없겠지요. 레비츠키와 지블랫은 일반적인 기준에서 벗어난 행동을 하는 인물에 대처하는 인간의 능력은 제한적일 수밖에 없다는 사회학자의 통찰을 소개합니다. 불문율에 대한 위반이 끊임없이 일어날 때 사회는 '일탈의 범위'를 스스로 축소하는, 다시 말해 기준을 하향 조정하는 경향이 있다는 거죠. 예전에는 비상식적으로 보이던 행동이 정상적인 행동으로 바뀐다는 건데요. 트럼프 취임 이후 미국 사회는 정치적 일탈을 정의하는 기준을 하향 조정했답니다. 트럼프의 거짓말, 속임수가 일상화하면서 그런 행동이 일반적인 정치 행동의 범주에 들어갔다는 거죠.

트럼프의 트윗은 언론과 민주당 인사, 그리고 몇몇 공화당 인사의 분노를 자극했습니다. 문제는 그런 트윗이 많아질수록 사회적 대응 능력이 떨어진다는 데 있습니다. 정치적 일탈이 광범위하게 벌어질 때 사회 구성원들은 그 흐름에 압도당할 뿐만 아니라 점차 자극에 둔감해졌습니다. 예전에는 대통령이 퇴진해야 할 사건이라 생각했을 사건에 미국인들이 점차 익숙해졌다고 개탄합니다.

'민주주의의 등대'로 불렸던 미국 민주주의, 세계에서 가장 견고해 보였던 미국 민주주의가 후퇴하고 있으며 더 나아가 죽어 간다는 진단의 바탕에는 부익부 빈익빈이 심화되는 현상이 놓여 있습니다. 빈부격차가 갈수록 커져 가는 현상의 중심에 민주주의를 위협하는 자본이 자리하고 있지요. 트럼프 자신이 부동산 복합 기업의 자본가로 재산이 수조 원에 이릅니다.

미국과 신자유주의적 세계화의 역사

지구촌에 민주주의를 전파해 왔다고 자부하는 미국 민주주의에 하버드대 교수가 '장송곡'까지 부르는 상황을 정확히 인식하려면 20세기 중반으로 거슬러 올라가야 합니다. 두 차례 세계 대전 이후에 미국은 세계 자본주의를 이끌며 '민주주의 전도사'를 자임했지요.

제2차 세계 대전이 끝난 뒤 유럽과 일본의 산업 시설은 폐허가 되었습니다. 20세기 전반기의 두 차례 세계 대전으로 유럽 각국과 일본의 산업 시설이 파괴될 때 되레 '전쟁 특수'로 생산 시절을 큰 폭으로 늘린 미국은 쉽게 세계 경제를 주도할 수 있었지요.

하지만 영국, 독일, 프랑스, 일본이 빠르게 산업 시설을 재건하고 지구촌으로 시장을 확대하면서 1970년대에 들어서서는 자본주의 각국 사이에 다시 경쟁이 치열해지기 시작했습니다. 자본의 이윤율이 떨어지기 시작했고 특히 미국은 시장 경쟁력이 약화되면서 위기의식이 커져 갔습니다.

미국과 유럽의 시장 경제가 불황으로 침체되고 실업자가 늘어나면서 자본주의 위기론이 퍼져 갔고, 같은 시기에 베트남 통일이 상징하듯이 미국의 군사적 패권도 크게 흔들렸습니다. 게다가 1979년에 일어난 이란 혁명으로 테헤란의 미국 대사관이 점거당한 사건은 미국의 황혼을 예고하는 역사적 신호로 받아들여졌지요. 이란 민중에 점거당한 미국 대사관의 인질을 구출하려던 미군 특수 부대의 군사 작전도 실패했습니다. 미국인들은 베트남 사이공의 미 대사관 옥상에서 대사관 직원들이 헬리콥터로 도망가던 일을 떠올릴 수밖에 없었지요. 더구나 소련군이 아프가니스탄에 들어가자 '민주주의 보루'로서 미국이 약화되고 있다는 불안감이 커졌습니다.

그러자 미국 공화당에서 오랫동안 자본을 대변하며 소련과 공산주의에 강경론을 펴온 레이건(Reagan, 1911~2004)이 1980년 선거에서 대통령에 당선됩니다. 레이건은 베트남 전쟁에 패하기 전에 미국이 누렸던 군사적 패권을 되찾아야 한다며 군사력을 대폭 강화해 나갔습니다. 본디 영화배우로 이따금 할리우드 서부 영화에 출연했던 레이건은 베트남과 이란에서 연이은 패배로 손상된 미국인의 자존심을 자극했습니다. 미국은 황혼기를 벗어나 '황금시대'로 부활

해야 한다고 부르댔지요. 마치 영화의 한 장면처럼 세계적 차원에서 미국과 소련의 대립 구도를 '선과 악의 대결'로 부각하며 소련을 '악의 제국'으로 불렀지요.

미국의 중앙정보국(CIA)은 동유럽에서 정치 공작 활동을 강화하며 소련을 압박해 들어갔습니다. 소련과의 화해 또는 공존(데탕트)을 추구했던 정책에서 벗어나 공세적으로 나섰지요. 반소, 반공 이데올로기도 강화해 나갔습니다. '소련 봉쇄' 정책을 펴는 동시에 실추된 미국의 위신을 되찾겠다면서 중앙아메리카에서 노골적 반공 정책과 군비 강화를 가속화했습니다.

대소 군사력 우위를 목표로 내건 레이건의 반공 정책은 1983년 3월 전략 방위 계획(Strategic Defense Initiative, SDI) 구상을 발표하면서 정점에 이릅니다. 언론은 당시 흥행하던 영화 '스타워즈'에 빗대 보도해 지구촌의 관심을 증폭시켰습니다. '별들의 전쟁' SDI는 상대국의 대륙 간 탄도 미사일(ICBM)을 탐지해 발사 초기 단계부터 포착한 뒤 격추하는 첨단 시스템을 이르는데요. 천문학적 자본을 쏟아부어 미사일 방어 체계를 만듦으로써 소련의 미사일을 무력화하겠다는 발상입니다. 미국이 원자폭탄을 독점하고 있던 1940년대 후반의 패권 지위로 돌아가겠다는 의지를 노골적으로 드러낸 셈이지요. 나중에 밝혀졌지만, 미국은 SDI 구상을 실제로 실행할 뜻은 없었어요. 실현 가능성도 없거니와 다분히 소련이 그에 대응하기 위해 재정을 쏟아붓기를 노렸습니다. 레이건의 기만술에 넘어간 소련은 국방비를 대거 늘렸고 그만큼 내부적으로 소비 생활을 풍요롭게 할 물품 생산은 더뎌졌습니다. 그에 따라 고르바초프의 개혁 정책에 불만이 높아갔지요. 레이건의 노림수가 적중한 셈입니다.

레이건이 소련을 '악의 제국'으로 몰아치며 강조한 '자유'의 수사학은 단순히 대외적, 군사적 차원에 그치지 않았습니다. 시장의 자유, 자본의 자유를 전면에 부각했지요. 레이건의 '자유'는 국외에선 미국의 세계 패권의 추구로, 국내에선 자본에 대한 규제 완화로 구현되었습니다. 기업 활동에 정부의 공적 규제를 완화하고 '공급(상품 생산)'에 중심을 둬야 한다는 정책, 이른바 레이거노믹스(Reaganomics)의 '작은 정부'론은 곧바로 복지 정책 축소로 이어졌습니다. 하지만 작은 정부를 내세워 복지 예산을 줄이면서도 국방 예산은 대폭 늘리는 '큰 정부'가 레이거노믹스의 실체입니다.

결국 자유화의 명분 아래 탈규제화, 민영화, 사유화, 유연화, 개방화가 시대의 흐름처럼 강조되었습니다. 미국 안에서 본격적으로 전개된 '신자유주의' 정책은 다시 미국과 밀접한 경제 관계를 맺고 있는 국가들에 깊은 영향을 끼쳤지요. 레이건에 앞서 이미 영국의 대처(Thatcher, 1925~2013) 정권은 미국과 별개로 신자유주의 정책을 강력히 추진하며 노동 운동을 탄압하고 있었기에 상승 작용을 일으켰습니다.

하지만 경제 위기의 원인이 정부 개입과 복지 정책에 있다는 신자유주의의 주장은 역사의 맥락을 전혀 무시한 주장입니다. 여기서 정부의 경제 개입과 복지 정책이 제2차 세계 대전 이후 자본주의 국가들에 뿌리내렸던 이유부터 다시 짚어 볼 필요가 있습니다.

두루 알다시피 자본주의 초기의 경제적 자유주의가 제1차 세계 대전의 참상을 빚으면서 세계 자본주의는 위기를 맞게 됩니다. 전쟁 막바지에 러시아에서 사회주의 혁명이 일어나 소련이 출범했습니다. 그로부터 10년이 지난 1929년에는 미국에서 시작한 대공황이 세계를 강타했습니다.

대공황을 맞은 자본주의 국가들과 달리 소련의 경제는 눈부시게 발전해 가고 있었습니다. 자칫 세계 자본주의가 공멸할 수도 있는 위기였지요. 바로 그 위기 국면에서 자본주의를 살린 것이 케인스(Keynes, 1883~1946)의 경제학이었습니다. 정부가 적극 개입하여 노동인을 비롯한 민중의 소득을 높여 주고 완전 고용을 이룸으로써 상품을 판매할 수 있는 시장을 국내적으로 확대하자는 제안입니다. 유효 수요를 창출함으로써 자본주의의 과잉 생산을 해결하려던 케인스의 경제 이론은 '수정 자본주의'로 불리며 자본주의 체제의 위기를 극복하는 데 크게 기여했습니다. 물론 케인스의 수정 자본주의와 그 결과인 복지 국가론이 시대정신이 되기까지 인류는 제2차 세계 대전이라는 또 다른 파멸을 겪어야 했습니다. 전후에 크게 확장된 지구촌 시장을 바탕으로 자본주의는 세계적 차원에서 성장했습니다. 그 과정에서 케인스 경제학은 주류 경제 이론으로 뿌리내리며 자본주의를 살려 냈지요.

그런데 앞서 언급했듯이 1970년대에 접어들어 미국과 유럽, 일본은 시장 경쟁을 벌입니다. 그 결과로 미국은 종래와 같은 절대 우위의 경제적 지위를 누리지 못하게 됐습니다. 경기가 침체되면 물가는 떨어지고, 물가가 오를 때는 경제가 호황으로 실업률이 하락해야 '정상'인데 미국과 유럽에서 물가가 오르는데도 실업이 늘어나는 스태그플레이션 현상이 나타났습니다. 케인스주의 비판론자들은 스태그플레이션의 원인을 지속적인 유효 수요 창출을 위한 재정 지출 정책 때문이라고 주장했습니다. 하지만 석윳값 인상이 결정적 원인이고 독점 대기업들의 상품 가격, 과도한 군사비 지출 때문이라는 분석이 더 설득력 있게 제시되었습니다.

그럼에도 언론의 도움을 받아 정부의 경제 개입과 복지 국가 정책 때문에 경제 불황이 왔다는 주장이 힘을 얻기 시작했습니다. 시카고학파로 알려진 시장 자유주의자들이 앞장섰습니다. 리처드 닉슨(Nixon, 1913~1994) 정권의 경제 정책에 일부 반영되었던 그들의 시장 만능주의 사고는 칠레에서 미국의 지원 아래 군사 쿠데타를 일으킨 피노체트(Pinochet, 1915~2006) 정권 아래 '현장 실험'을 거쳤습니다. 마침내 미국에 레이건 정권이 등장함으로써 신자유주의라는 이름 아래 세계 경제의 큰 흐름이 형성된 거죠

신자유주의는 기업의 자유와 시장의 자유, 재산권을 중시하며 정부의 시장 개입은 경제의 효율성이나 형평성을 되레 악화시킨다고 주장합니다. 공공복지 확대는 정부의 재정만 팽창시킬 뿐 노동

의욕을 감퇴시켜 이른바 '복지병'을 불러온다고 반대합니다. 미국은 다른 나라들에게도 아무런 규제 없는 자유 무역과 국제적 분업을 명분으로 전면적인 시장 개방 논리를 펴 나갔습니다. '세계화'와 '자유화'의 구호는 세계무역기구(WTO)를 통한 시장 개방 압력과 국가 간 자유 무역 협정(FTA)으로 나타났지요.

결국 케인스 이론의 완전 고용은 노동 시장의 '유연화' 이름 아래 비정규직 확대와 해고의 자유로 바뀌었고 공공 영역은 '민영화' 이름 아래 자본의 손으로 속속 넘어갔습니다. 모든 것을 시장의 경쟁 논리에 맡길 때, 당장 눈앞의 기업 '효율성'이나 국가 경쟁력을 높이는 효과가 나타날 수 있겠지만 그것이 지속될 수는 없지요. 더구나 20%의 부익부와 80%의 빈익빈으로 빈부 격차가 확대되고, 선진국과 후진국 사이에 '남북 격차'도 더 커질 수밖에 없습니다.

많은 사람이 정치와 경제를 분리된 것으로 이해하는 '정규 교육'과 '미디어 교육'에 익숙해 있지만, 경제 논리로서 신자유주의는 미국의 패권주의와 결코 무관하게 전개되지 않았습니다. 오히려 신자유주의는 미국의 군사적 패권주의와 출발부터 동전의 양면처럼 함께 세계적 흐름을 형성했지요.

신자유주의든 자유주의든, 시장의 자유나 국가 개입의 축소라는 논리로만 이해하는 것은 진실과 어긋납니다. 가령 고전적인 자유방임주의조차 당시 세계적 패권을 지녔던 단 한 나라, 영국에서만 가능한 일이었거든요. 그것도 적용할 수 있는 시기가 한정되어 있었습니다. 영국은 다른 나라보다 일찍 공업화와 산업화에 성공했기에, 자유 무역은 자기들이 시장을 확장하는 전략인 동시에 경쟁자들을 시장에서 따돌릴 수 있는 방법이었습니다.

흔히 경제적 자유주의가 국가 개입을 부정적으로 생각해 배제했다고 하지만 실제는 전혀 달랐습니다. 가령 19세기 영국이 강력한 제국을 유지하는데, 그 밑바탕은 군사력이었거든요. 군사력을 바탕으로 영국 기업인들은 다른 경쟁자들에 비해 우월한 지위를 누렸고 제국주의적 강탈도 서슴지 않았습니다.

자유주의는 실제 역사에 나타난 형태로 보면 제국주의와 동전의 양면과 같았습니다. 신자유주의도 마찬가지입니다. 미국의 이라크 침략이 단적으로 드러내 주듯이 군사적 제국주의와 이어져 있습니다. 이라크를 침략해 그곳에 친미-친시장주의 정권을 세우는 모습은 미국의 민낯을 생생하게 드러내 줍니다. 영국이 세계 패권을 유지하며 자유주의와 제국주의를 내걸었듯이 미국은 신자유주의와 신제국주의의 길을 걸었습니다. 과거의 군사적 제국주의와 달리 신제국주의는 미디어를 통해 군사적 침략과 경제 침탈을 '신자유주의'라는 이름으로 세련되게 정당화해 갔습니다.

새로운 독재의 출현과 인류의 위기

1991년 소련의 몰락 이후 미국이 세계 유일의 초강대국으로 패권을 휘둘러 온 힘의 배경은 막강한 군사력과 그것을 뒷받침하는 경제력입니다. 미국은 군사비와 무기 수출 세계 1위인 동시에 경제력에서 국내 총생산(GDP)은 물론, 금 보유액, 에너지 사용량, 인터넷 인구, 도로와 철도 길이, 공항 수, 노벨상 수상자 수까지 두루 1위입니다.

그런데 미국의 또 다른 얼굴이 있습니다. 온실가스 배출량 세계 1위인 미국은 '지구 온난화'로 빚어지는 재앙의 '원흉'입니다. 세계에서 인구 대비 교도소에 갇혀 있는 사람이 가장 많은 나라이기도 합니다. 국민이 부담하는 연간 의료비 또한 세계 1위입니다. 더구나 미국은 세계 최대 채무국이지요. 미국 자본주의를 뒷받침해 주는 것은 세계 금융 시장을 좌지우지하고 있는 금융 지배력입니다. '달러'는 미국 경제력은 물론 군사력의 기반입니다.

온 세계를 상대로 한 손에는 달러, 다른 한 손에는 미사일을 들고 있는 모습이 미국의 꾸밈없는 모습입니다. 지나친 평가라고 생각한다면 찬찬히 톺아볼 일입니다. 미국의 지배 세력 입장에서는 자신이 누리는 세계 패권을 내내 유지하고 싶은 게 당연하지 않을까요. 미국 정치 · 경제 · 언론계의 '여론 주도층'들이 국제 커뮤니케이션 체계를 통해 그것을 국내적으로는 미국의 '국익'으로, 국외로는

'자유'로 세련되게 '화장'해 왔기에 맨얼굴의 진실이 낯설게 다가올 뿐입니다.

다행히 미국 안에서도 비판적 인식은 커져 가고 있습니다. '여론 주도층' 사이에서 우려의 목소리가 이미 나왔습니다. 미국 경제에 강력한 영향력을 행사해 '경제 대통령'으로 불리는 미국연방준비제도이사회(FRB) 의장이던 벤 버냉키는 2007년 2월에 "지난 30년간 벌어진 양극화로 미국 경제의 주요 성장 동력인 역동성이 위기에 처했다"고 털어놓았습니다. 버냉키는 미국이 '경제적 기회의 평등'을 내세워 '경제적 결과의 불평등'을 모르쇠해 왔다고 지적했는데요. 신자유주의가 미국 국내는 물론, 지구촌 차원에서 남쪽의 가난한 나라와 북쪽의 부자 나라로 갈라놓고 있는 현실을 미국의 연방준비제도이사회 의장마저 더는 외면할 수 없는 상황에 이르렀다는 반증입니다.

신자유주의는 사실상 모든 사안에서 자본의 이해관계를 우선합니다. '새로운 자유'를 자처하지만 신자유주의에서 자유의 실체는 '자본이 누리는 절대적 자유'입니다. 한마디로 줄이면 민주주의를 위협하는 '자본 독재'이지요.

군부 독재라는 말에는 익숙한 사람들도 '자본 독재'라는 개념은 낯설 수 있습니다. 저는 2008년 촛불 시위가 일어나기 직전에 탈고해 출간한 『주권 혁명』에서 그 개념을 처음 만들어 썼는데요. 저 스스로 독자에게 너무 생경하지 않을까, 자연스러운 소통을 방해하지 않을까 우려했습니다. 2014년 개정판으로 『무엇을 할 것인가』를 준비하면서 그 개념을 목차에서 삭제하고 본문에서도 완화하려고 했습니다. 하지만 개정 과정에 그런 생각이 잘못임을 다름 아닌 가톨릭 로마 주교(교황)인 프란치스코 신부가 깨우쳐 주었습니다.

자신을 '로마 주교'로 낮출 만큼 겸손한 교황 프란치스코는 2013년 11월 자신이 직접 쓴 「사제로서의 훈계」라는 제목의 문서를 공개했습니다. 문서는 "경제 권력을 휘두르는 사람들은 아직도 부유층의 투자 · 소비 증가가 저소득층의 소득 증대로까지 확대될 것이라는 '낙수 효과'를 말하고 있지만, 이는 잔인하고 순진한 믿음"이라며 "가난한 사람들은 (그 낙수가 내려오지 않을지도 모르는데) 언제까지나 기다리고만 있다"고 지적했습니다. 낙수 효과는 신자유주의자들이 '만병통치약'처럼 내세운 명분입니다. 하지만 교황이 강조했듯이 현실과 동떨어진 거짓 담론에 지나지 않지요.

프란치스코 교황은 "통제받지 않는 자본이 '새로운 독재자'로 잉태되고 있다"면서 "이 독재자는 무자비하게 자신의 법칙만 따를 것을 강요하며, 윤리와 심지어 인간마저도 비생산적인 것으로 취급한다"고 비판했습니다. 교황이 말한 '새로운 독재'는 곧 '자본 독재'입니다.

교황은 세계 정치 지도자들이 경제적 불평등을 없애기 위해 노력해야 한다고 촉구하면서 「사제로서의 훈계」의 상당 부분을 자본주의의 탐욕과 그로 인해 확대되고 있는 경제적 불평등을 비판하는

데 할애했지요. 특히 교황은 "'살인하지 말라'는 십계명을 현시대에 맞게 고쳐 말하면 '경제적 살인(경제적으로 누군가를 배제하거나 소외시키는 것)을 하지 말라'가 돼야 할 것"이라고 지적했습니다. 또 "어떻게 주가 지수가 2포인트 하락하는 것은 뉴스가 되는데, 집 없는 노인이 거리에서 죽어 가는 것은 뉴스거리도 되지 않을 수 있단 말인가"라고 반문했습니다.

교황은 "많은 사람이 자기 자신을 쓰고 버려지는 '소비재'라 여기고 있지만, 심지어 이제는 쓰이지도 않은 채 그냥 '찌꺼기'처럼 버려지고 있다"고 개탄합니다. 아울러 정치 지도자들과 가톨릭 사제들이 사회의 부조리와 불평등을 바로잡기 위해 행동에 나서야 한다고 강조했지요. "정치 지도자들이 '가난한 사람들과 부를 나누지 않는 것은 그들이 마땅히 가져야 할 것을 도둑질하는 것'이란 옛 성인들의 말을 되새기길 바란다"고 권고했습니다. 교황이 '자본 독재'를 공식적으로 거론할 만큼 새로운 독재가 21세기에 보편화하고 있는 거죠.

신자유주의 시대의 주체가 자본이라는 사실은 금융의 세계화 현상에서 단적으로 드러납니다. 금융 자유화와 주주 자본주의를 역설해 온 대표적 인물이 미국 하버드 경영 대학원의 마이클 젠슨 교수입니다. 젠슨은 1980년대 금융 자유화가 1930년대의 뉴딜 정책의 잘못을 바로잡는 역사적 전환점이라고 주장했지요. 실제로 1980년대부터 상품 생산이나 교역을 통하지 않고 금융을 통해 이윤이 창출되는 경제의 금융화(financialization)가 빠르게 퍼져 갔습니다. 세계 여러 나라의 국내 총생산 대비 금융 자산 소득 비중도 크게 늘어났지요.

젠슨이 무너뜨리고 싶었던 케인스는 금융 소득을 강도 높게 비판했었습니다. 금융 시장은 흔들리기 쉽기 때문에 반드시 국가 규제가 필요하다고 경고했지요. 케인스는 20세기 초반의 금융 자본주의가 투기 거품과 금융 불안정을 양산하면서 대공황을 불러온 교훈을 결코 잊지 않았거든요. 케인스는 이곳저곳으로 옮겨 다니며 단기적 고수익을 추구하는 금융 자본의 속성은 장기 투자나 생산 활동의 부진을 불러온다고 우려했습니다. 금리로 돈을 버는 사람들을 케인스는 지주 계급과 다름없다고 보았지요. 금리 생활자들의 '안락사'가 필요하다는 과감한 주장까지 서슴지 않았습니다.

신자유주의의 세계적 확산으로 젠슨은 케인스를 이겼다고 자부했을 수도 있습니다. 하지만 판단은 이릅니다. 많은 사람이 우려했던 세계 경제의 위기가 표면화했기 때문이지요. 정보 기술 혁명에 바탕을 둔 인터넷 연결망으로 금융의 세계화와 자유화를 주장했던 사람들은 2007년 말부터 가시화한 금융 불안을 우려했습니다. 그 우려는 2008년 9월 미국의 금융 위기로 폭발했습니다. 제가 2008년 5월 출간한 『주권 혁명』에서 미국의 금융 위기 불안이 커져 가고 있다고 진단했는데 넉 달 뒤 터진 미국 월스트리트의 금융 위기로 현실화했습니다.

자본 독재인 신자유주의의 금융 자유화 문제는 비단 금융과 경제 구조의 문제에 그치지 않습니다. 경제의 금융화가 퍼져 가는 시대를 살아가는 사회 구성원 대다수는 언제나 '재테크'로 권장되는 돈 벌기 환상에 사로잡히게 마련입니다. 부익부 빈익빈이 갈수록 커져 가고 20 대 80의 사회가 뿌리내리고 있는데도 대다수 사람이 '황금만능주의'에 물들어 가는 까닭도 여기에 있습니다.

잘나가는 20%가 소유하며 뉴스를 생산하는 신문과 방송, 인터넷이 재테크와 소비를 일상적으로 부추기고 있기 때문에 그 '문화'에서 벗어나 신자유주의의 본질을 꿰뚫고 민주 정치를 일궈 가기는 결코 쉬운 일이 아니지요.

여론을 주도하는 신문과 방송사의 기자들과 대학교수들 또한 20%에 들어갑니다. 그 결과입니다. 정치, 사회, 문화, 언론, 대학 모든 영역에서 자본의 논리가 지배하는 새로운 독재가 전개되고 있습니다. 신자유주의 시대의 주체가 사람이 아니라 자본이라는 사실이 그 모든 것을 설명해 줍니다. 신자유주의는 '자본이 지배하는 새로운 독재'의 부드러운 이름입니다.

지구촌에 퍼진 신자유주의는 자본 독재인 만큼 민주주의 위기의 주범입니다. 더구나 21세기 인류의 삶은 기후 변화를 비롯한 생태계 파괴로 코로나19와 같은 팬데믹(pandemic)이 나타나고 '인류세(Anthropocene, 人類世)' 진단까지 나오고 있습니다. 자칫 인류 문명의 때 이른 종언까지 전망되는 상황이지요. '때 이른'이라고 쓴 까닭은 1억 6000만 년 내내 지구 표면을 지배했던 공룡과 비교해 보자는 뜻입니다. 인류세 현상에 책임을 더 정확히 묻고 대처해야 한다는 의미에서 '자본세(Capitalocene)'로 불러야 옳다는 주장도 나옵니다.

신자유주의의 보편화로 극명하게 드러난 '자본세'가 인류의 위기로 나타나고 있는 현실을 정확히 인식하고 슬기롭게 대처하려면, 민주주의의 역사적 전개 과정을 톺아보아야 합니다. 단순히 몇 년에 한 번꼴의 투표만으로 민주주의를 이뤘다는 착각에서 벗어나 우리가 성숙한 사회를 이루려면 더더욱 민주주의가 어떻게 출현해서 성장하고 위기를 맞았는지 정확히 인식할 필요가 있습니다. 그 인식을 공유하는 주권자들이 많을수록 각자도생의 살벌한 사회를 벗어나 민주주의 성숙 단계, 더 나아가 완숙 단계로 나아가겠지요. 그럼 민주주의가 어떻게 태동했는지부터 함께 들여다볼까요.

정치
산책

민주주의 파괴한 제국주의의 21세기 얼굴

21세기에도 제국주의가 있을까요. 하버드 경영 대학원 교수 데이비드 코튼은 그렇다고 공언합니다. 민주주의를 파괴하고 인류를 참혹한 전장으로 몰아넣은 괴물이 다시 나타나고 있다는 충격적 주장인데요. 코튼은 "거의 모든 면에서 제국주의적 현상의 현대적 형태"를 '경제 세계화(economic globalization)'라고 단정합니다. 경제의 세계화라는 미명 아래 재화와 용역, 자본이 국가 사이에 자유롭게 이동하고, 세계적 거대 기업들이 지구촌의 한정된 자원과 기회에 대한 접근권을 최대한 가지려는 '새로운 식민 제국'을 건설하고 있다는 거죠.

영국의 식민 경험에 대한 미국 역사학계의 연구에 따르면, 돈 많은 투자가들은 식민지 투자로 상당한 이익을 챙겼지만 중산층은 제국주의를 지탱해 주는 막강한 군대 유지에 필요한 세금 고지서만 발부받았습니다. 결국 제국주의는 중산층의 소득을 상위 계층에게 넘겨주기 위한 장치였던 셈이죠.

문제는 21세기인 지금도 과거의 식민 제국주의와 양상이 비슷하다는 데 있습니다. 19세기에서 20세기 전반에 걸친 식민화의 이득이 대부분 부유층에게 돌아갔듯이 경제의 세계화도 똑같은 결과를 불러옵니다. 코튼은 글로벌 경제 체제가 비용을 힘없는 사람들에 떠넘긴다며 "부자 나라의 부담은 빈곤국에 떠넘겨지고, 금융 시장은 약탈적으로 변했고, 민주주의와 정치는 돈에 팔렸고, 감소된 빈곤층의 소득은 부유층과 세계적 기업에게로 이동해 갔고, 세금 낼 능력이 넘치는 사람들의 세금은 세금 낼 형편도 못 되는 사람에게 전가"된다고 날카롭게 분석합니다. (『경제가 성장하면 우리는 정말로 행복해질까』, 원제는 *When Corporations Rule the World*).

그뿐이 아닙니다. 경제의 세계화는 환경 오염을 유발하는 공장들과 쓰레기를 빈곤 국가에 수출합니다. 이미 지구의 환경은 재앙적 수준입니다. 전 세계적으로 과거에는 비옥했던 땅이 해마다 60조 제곱미터씩 사막이 되어 갑니다. 산화와 침식 작용으로 흙의 손실은 매년 260억 톤에 이르고 가장 생산적이던 세계적인 어장들은 무분별한 남획으로 사라지고 있습니다.

코튼은 기업들을 소유한 소수 엘리트들이 막대한 자본으로 정치마저 장악하면서 금권 정치를 탄생시켰다고 강조합니다. 코튼만이 아닙니다. 정치철학자 마이클 샌델, 정치 경제학자 제임스 랙서를 비롯해 1990년대 이래 민주주의가 금권 정치로 전락했다고 진단하는 연구자들이 늘어나고 있습니다. 그들은 정부의 독재보다 더 교묘한 '시장의 독재', 곧 자본의 독재를 우려합니다. 그 독재가 퍼트린 '자유 시장 이데올로기'로 대다수 현대인은 돈을 최우선 가치로 여기며 살아간다고 안타까워합니다.

민주주의 특강

제3강

민주주의란 무엇인가?

'데모크라시'는 왜 민주주의로 번역되었을까

21세기 들어 인류의 위기를 가속화하고 있는 민주주의 위기를 넘어서려면 그 위기가 어디서 비롯되었는가를 곰곰 살펴야 합니다. 누구도 정치에서 자유로울 수 없기에 민주주의 위기는 우리 개개인의 인생살이를 위해서도 중요합니다. 민주주의가 언제 어떻게 탄생해서 성장해 왔는가를 톺아볼 때 우리는 위기에서 탈출할 열쇠를 찾을 수 있습니다.

민주주의 태동부터 살펴볼까요. 동서양의 고대 문명에서 두루 움직임이 보이지만, 먼저 고대 그리스의 아테네로 거슬러 올라갑시다. 아리스토텔레스가 인간은 정치적 동물임을 통찰한 도시 국가이지요. 민주주의를 영어로 'democracy'라고 표현하는데, 바로 그 말이 그리스어에서 비롯했습니다. 많이 알려진 사실이지만 그 의미를 되새길 필요가 있습니다. 그리스어 '데모크라티아(demokratia)'에서 'demos'는 민중이고, 'kratos'는 권력, 지배를 뜻하거든요. 그러니까 민주주의는 그 말이 생겨난 어원 그대로 '민중의 권력 또는 지배'를 의미합니다.

영어 'democracy'를 '민주주의'로 번역한 것은 유럽 문명을 동아시아에서 가장 먼저 받아들인 일본이었는데요. 'democracy'는 무슨 학설이나 주장이 아님에도 '주의(ism)'를 붙였습니다. 잘못된 번역이지요. 그 결과로 한자 문화권이던 동아시아에서는 'democracy'가 나치즘, 파시즘, 코뮤니즘, 토털리즘(전체주의, totalitarianism)처럼 이념(ism)의 하나로 논의되어 왔습니다.

그리스어든 영어든 원어에 가장 정확한 번역어는 '민주 정치' 또는 '민중 정치'입니다. 왜 오역했는지에 대해선 여러 설명이 있는데요. 번역할 당시 일본이 '천황제'였기에 '민주 정치'나 '민중 정치'라는 말이 부담스러워 이념의 하나로 옮겼다는 주장이 가장 설득력 있습니다.

메이지 유신의 사상적 지도자였던 후쿠자와 유키치가 '민주주의'라는 표현을 선택하기 전에 당초 제시했던 'democracy'의 번역어는 '하극상(下剋上)'이라는 사실도 흥미롭습니다. 왕정의 계급 사회에서 내내 살아온 그로서는 민중이 통치한다는 관념이 선뜻 그려지지 않았을 법합니다. 그래서 말 꺼내기도 거북한 정치 개념을 완화시켜 서양에 퍼져 있는 여러 주장 가운데 하나쯤으로 여겨 '주의'를 붙였다는 거죠.

따라서 민주주의에 대한 바른 이해를 목적으로 하는 강의에서 민주주의보다 '민주 정치(데모스의 크라티아, 곧 민중이 권력을 지닌 정치)'나 '민중 정치'라고 쓰는 것이 올바르겠지만, '정치'라는 말도 적잖이 오염되어 있는 상황이어서요. 민주주의를 주로 쓰면서 민주 정치나 민중 정치라는 말을 병행하겠습니다.

아리스토텔레스는 정치적 동물인 인간이 살아가는 공동체의 정치 체제를 소수의 사람이 지배하는 과두정과 다수의 사람이 지배하는 민주정으로 구분했습니다.

눈여겨볼 대목은 과두정과 민주정이 단순히 지배자가 소수인가 다수인가의 문제가 아니라는 점입니다. 아리스토텔레스는 과두정을 '부유한 사람들이 지배하는 정치 체제'로, 민주정을 '가난한 사람들이 지배하는 정치 체제'로 정의합니다. 정치 체제 분류 기준이 기본적으로 '사회 경제적' 시각에 기반하고 있는 거죠. 그렇다고 가난과 부만으로 구분한 것도 아닙니다. 아리스토텔레스는 "민주 정체와 과두 정체는 가난과 부라는 판단 기준만으로는 충분히 구별되지 않는다"고 강조합니다. 민주 정치와 과두 정치의 구분은 재산에 더해 다수 여부를 따집니다. 그래서 "다수자인 가난한 자유민이 최고 권력을 잡을 때는 민주 정체고, 소수자인 부유한 귀족들이 최고 권력을 잡을 때는 과두 정체"라고 정의합니다. 이어 양과 질로 다시 나누어 설명하는데요. 수에 따른 가난한 사람들의 양적 우월성이 부에 따른 부자들의 질적 우월성을 능가하면 민주 정체가 출현하고, 부자들과 귀족들의 질적 우월성이 수적 열세를 보충하고도 남으면 과두 정체가 출현한다고 서술합니다. 가난한 사람과 부유한 사람도 아닌 중산층의 수가 다른 두 계급을 합한 수보다 큰 경우는 혼합 정체로 규정했습니다. 아리스토텔레스가 민주 정체보다 더 선호한 정체입니다.

정치학 고전인 아리스토텔레스의 저서에서 확연히 나타나듯이 민주주의의 '데모스' 곧 민중은 가난한 사람들이었습니다. 민주주의는 부자들 아닌 가난한 사람들의 정치이되 그들이 부자들의 질적 우월성을 능가할 때 가능합니다. 그렇지 못할 때 단순히 빈자의 정치에 머물러 선동가들에 좌우되는 중우 정치의 위험성이 있다고 경계했지요.

중우 정치(mobocracy)는 말 그대로 현명하지 못한 다수의 대중이 이끄는 정치라는 뜻인데요. 선동과 군중 심리로 다수가 비합리적이거나 옳지 못한 판단을 내릴 수 있는 단점을 부각한 개념입니다. 아리스토텔레스가 "수에 따른 가난한 사람들의 양적 우월성이 부에 따른 부자들의 질적 우월성을 능가할 때 민주 정체가 출현한다"고 서술한 이유를 새삼 되새겨볼 필요가 있습니다.

소크라테스를 처형한 아테네 민주주의

아리스토텔레스의 스승 플라톤도 『국가론』에서 다수의 폭민 정치를 경계했습니다. 플라톤은 아테네 민주정이 스승 소크라테스를 기어이 처형하자 충격을 받았습니다. 기원전 399년, 플라톤이 스물여덟 살 되던 해에 일어난 일입니다.

소크라테스는 청년들을 나쁜 길로 가도록 이끌고 신을 부정한다는 이유로 재판에 넘겨졌습니다. 그런데 그에게 사형을 내린 사람들은 아테네의 시민들이었지요. 당시 아테네의 재판은 전문가 아닌 일반인이 판결에 참여하는 배심제였습니다. 소크라테스는 배심원들에게 자신이 고발당한 데 대해 그 부당함을 조목조목 논리적으로 반박했는데요. 오히려 그것이 배심원들의 분노를 자아냈습니다. 배심원 과반이 소크라테스의 사형에 찬성합니다. 결국 "너 자신을 알라"며 성찰하는 삶을 가르친 철학자 소크라테스는 다수의 미움을 받아 독배를 든 거죠.

플라톤은 개인의 능력이나 자질과 무관하게 모두에게 동등한 투표권과 참정권을 주어 다수결로 결정하는 정치는 위험하다고 보았습니다. 실제로 당시 아테네의 민주 정체는 선동과 야합으로 부정부패가 심했습니다. 플라톤은 아테네 사람들이 자유라는 이름 아래 모두 제멋대로 살아간다고 보았지요. 그 군중들이 세상에서 가장 지혜로운 철학자를 죽였다고 생각했습니다. 그가 폭민 정치를 비판하며 철학자가 왕이 되든지, 왕이 철학을 공부해야 한다는 철인 정치(government of philosopher kings)를 주창한 까닭입니다.

그는 모든 개개인은 영혼이 세 부분으로 나누어져 있다고 보았는데요. 이성, 기개, 욕구입니다. 자신의 이성을 갈고닦음으로써 지혜가, 기개를 발전시킴으로써 용기가, 욕구를 억제함으로써 절제가 생겨난다고 보았습니다. 공동체도 개개인이 자신에게 주어진 역할을 잘 수행할 때 조화롭게 유지될 수 있다고 보았지요. 지혜를 지닌 철학자는 정치에 나서고, 용기를 지닌 자는 적을 방어하고, 욕구를 가진 자는 생산에 힘써야 한다고 주장했습니다.

개개인은 국가에서 마련한 교육을 통해 자신이 세 가지 영혼 중 어느 부문이 더 뛰어난가를 깨닫게 되고 이에 따라 공동체에서 그 부문을 맡아야 바람직하다고 보았습니다. 세상의 본질을 파악하고 진리를 추구하는 철학자가 나라를 다스리면 올바른 정치를 하리라 믿었지요.

철인 왕(philosopher king)은 어느 부문이 아니라 전체의 행복을 배려하고 국사에 전념합니다. 따라서 사적이거나 세속적인 욕망에 사로잡히지 않도록 처자와 재산도 공유해야 옳다고 주장했습니다.

그는 현실 정치에 참여해서 이상 국가를 실현하려고 했지만 참담하게 실패했습니다. 그 실패가 사상에 반영되었는데요. "누가 다스려야 하는가?"라는 질문에 『국가』에서는 '진정한 철학자'라 답했던 플라톤은 현실 정치에 실패한 뒤 쓴 『정치가』에서 '정치가(politikos)'

라고 답했습니다. 정치를 일종의 '기술'로, 정치가를 씨실과 날실을 엮는 '베를 짜는 사람', 그러니까 공동체 구성원의 상이한 정치적 이해를 조정하는 사람이라고 정의했습니다.

물론 초기의 이상을 모두 버리지는 않았어요. 그에게 '정치'란 본질적으로 '자기 이익'이 아니라 '다른 사람의 좋은 것'을 위한 행위였습니다. 다만 『국가』의 '이상적인 정치 체제'와는 다른 '최선의 정체'를 제시하며 '입법'을 공동체의 정치적 덕성과 도덕적 수준을 유지하는 주요한 수단으로 부각했지요. 여기서 우리는 플라톤에서 아리스토텔레스로 이어지는 고리를 발견할 수 있습니다.

그런데 아리스토텔레스의 '데모스'는 가난한 사람들이었지만 그 범주에서 노예는 제외되었습니다. 민주주의라는 말을 낳은 고대 그리스는 노예제를 기반으로 한 신분제 사회였는데요. 인간은 정치적 동물이라고 통찰한 아리스토텔레스도 자신이 살던 시대적 한계를 벗어나지 못한 셈이지요.

물론 그 시대에도 노예제를 문제시하고 자연의 이치에 어긋난다고 비판한 사람들이 있었습니다. 하지만 아리스토텔레스는 아니었지요. 그는 고대 그리스를 정복한 알렉산더 대왕의 스승이기도 했습니다. 자연이 모든 활동에 권위와 복종의 결합을 필연적으로 요구한다고 보았지요. 여성이 남성에 견줘 선천적으로 열성인 것같이 자연은 노예의 몸을 힘든 일을 하는 데 적합하게 만들었다는 거죠. 노예는 살아 있는 도구이며 독립하려는 의지도 없으므로 자유인과 노예의 차별은 법률에 의해 인위적으로 이루어진 것이 아니라 자연의 원리와 법칙에 따른 것이라고 거침없이 주장했습니다. 그 시대 그리스인들이 지니고 있던 편견과 오만, 자신과 다른 민족을 모두 야만족으로 낮춰 본 관습에서 아리스토텔레스도 벗어나지 못했습니다.

모든 인간이 존엄하다는 아름다운 각성

아리스토텔레스를 비롯한 대다수 철학자가 노예제를 의심하지 않은 사실에서 살펴볼 수 있듯이 모든 인간이 존엄하다는 각성은 쉽게 이뤄지지 않았습니다. 민주주의 태동부터 진통이 있었던 거죠. 소크라테스의 처형은 또 다른 진통이었습니다. 동아시아에 전해질 때 잘못 번역되기도 했지만, 데모크라시 자체에도 한계가 또렷했던 거죠.

미국과 유럽의 정치학자들과 역사학자들은 근대 시민 사회 형성 과정에서 기독교가 끼친 영향에 주목합니다. 그들은 인간이 신의 형상으로 지음을 받았다는 구약 성경의 서술에서 평등 사상을 읽어 냅니다. 유대인이나 이방인이나 야만인 모두 신 앞에서 동등하다는 기독교 인간관이 점점 퍼져 감으로써 민주주의의 고갱이인 인간의 존엄성과 평등성이 형성되었다고 주장합니다. 기독교의 종교적 인권 사상과 신 앞에 모두가 개인이라는 개인주의가 근대 민주주의 구현으로 이어졌다는 거죠. 신약 성경은 가장 가난하고 보잘것없는 사람들을 '주님'처럼 모시라고 하지요.

여기서 의문이 생길 수 있습니다. 유럽의 중세 체제를 정당화한 정신적 기둥이 바로 기독교였으니까요. 로마를 중심으로 한 가톨릭 교회는 중세 유럽인들의 일상생활을 지배하면서 막강한 권력과 부를 독점했습니다. 예수의 가르침에 어긋났던 거죠.

그래서 기독교에 개혁 움직임이 나타납니다. 가톨릭 교황 레오 10세가 성 베드로 대성당을 개축한다며 '면죄부'를 판매한 사건이 직접적 계기였습니다. 1517년 루터가 공개적으로 쓴 '95개조 반박문'이 도화선이었습니다. 루터는 면죄부를 구입하면 죄와 벌이 사라진다는 허구성을 날카롭게 비판하고 인간은 오직 신의 은총과 믿음으로 구원을 받으며 성서만이 신앙의 유일한 근거라고 주장했지요. 일개 신부가 교황의 권위에 정면으로 도전하고 나선 셈입니다. 파문당한 루터는 그를 지지하는 제후와 농민들의 도움으로 도피할 수 있었습니다. 은신하면서 성서를 독일어로 번역하고 교회 개혁 운동을 추진해 갔습니다.

루터의 반박문은 인쇄술을 통해 유럽의 여러 지역으로 전해졌지요. 16세기의 종교 개혁 이래 로마 가톨릭교회에서 분파한 여러 개신교에 귀속한 사람들을 프로테스탄트라고 합니다. 프로테스탄트라는 말은 1529년 4월 루터계 종교 개혁파의 제후들과 여러 도시가 황제 카를 5세를 비롯한 로마 가톨릭 세력에 당당히 자신의 신앙을 표명하고 '항거(protestatio)'한 데서 유래합니다.

프로테스탄트는 서유럽의 근대 문명에 큰 영향을 끼쳤습니다. 개인의 영혼과 신의 직접적인 계약에 기초한 개인주의적, 자유주의적인 결사형 사회를 추구했습니다.

사회학자 막스 베버는 근대 자본주의 출현을 프로테스탄트 윤리로 설명했는데요. 베버는 영리를 추구하는 욕구를 근대 자본가에게만 국한되는 것이 아니라 모든 사람이 공통적으로 가지는 심리라고 보았습니다. 영리 욕구 자체는 화폐 이득을 계산하고 기대하는 심적 태도로서 자본주의와 아무 관계가 없다는 거죠. 궁극적으로 자본주의를 탄생시킨 것은 합리적 기업, 합리적 부기, 합리적 기술, 합리적 법률 및 합리적 심경, 처세의 합리화, 합리적 경제 윤리라고 주장했습니다. 가령 전통적 선대업자(자본을 갖고 미리 돈을 지불한 뒤 제품이 생산되면 받아 판매하는 상인)는 직물을 만든 농민이 그것을 가져오기만을 기다렸는데요. 자본주의적 인간은 그와 달리 질 좋은 직물을 얻기 위하여 농민을 직접 찾아가 자신이 원하는 물건을 주문하고, 그것을 팔아 이윤을 남깁니다.

베버는 자본주의 시대에 상공인은 물론 노동인들도 거대한 사막 같은 세상에서 고독한 개인으로 끊임없이 노력하며 살아간다고 보았는데요. 그 고통을 숙명으로 받아들이고 묵묵히 견뎌 낼 수 있는 것은 장밋빛 구원에 대한 확신 때문이라고 설명했지요. 그래서 금욕적인 프로테스탄티즘의 직업 윤리를 자본주의 정신의 원형이라고 주장했습니다. 베버의 해석대로라면 중세를 지배한 왕과 귀족에게 가톨릭이 한 역할을 개신교가 상공인들에게 제공한 셈입니다.

유럽에서 종교 개혁과 뒤이은 계몽사상으로 모든 인간이 평등하게 태어났다는 사상이 퍼져 가면서 자유와 평등을 내건 근대 민주주의 사회가 열렸습니다. 기독교와 근대 민주주의 사이의 친화성은 세계사의 3대 혁명으로 꼽히는 미국의 독립 전쟁 때 공표한 선언문에 또렷하게 나타납니다. "우리는 모든 인간이 평등하게 태어났으며, 창조주에 의해 생명, 자유 및 행복 추구 등의 불가침의 권리를 부여받았다는 것을 자명한 진리로 받아들인다"고 천명합니다. 여기서 창조주는 기독교 문명의 신(God)이지요. 미국 독립 선언문은 '신 앞에 모든 인간은 평등하다'는 생각을 기반으로 개인의 자유를 보장하기 위한 국가 권력의 제한, 법 앞의 평등을 의미하는 법치의 사상을 담고 있습니다.

기실 민주주의가 탄생할 때까지 수천 년 동안 동서양을 막론하고 왕정 체제가 지속되었습니다. 왕들은 자신들의 특권적 지배 체제에 도전하는 사람들을 잔인하게 살육해 왔지요. 자신의 왕권을 지키기 위해 형제는 물론이고 부모조차 죽이는 일을 서슴지 않았습니다. 하물며 민중들의 목숨은 무엇으로 여겼을까요. 한낱 소모품이었겠지요.

오이디푸스 신화에서도 왕인 아버지를 죽이고 그 자리에 아들이 앉은 사건이 나오거니와 수나라 양제가 저지른 아버지 독살은 왕권이 얼마나 큰 권력인가를 실감하게 합니다. 조선 왕조의 태종과 세조처럼 형제들과 조카를 죽이는 일은 세계사에 부지기수였지요. 그러므로 왕들이 스스로 왕의 자리를 내놓거나 국민 투표로 뽑자고 왕조의 문을 닫는 것은 인간의 역사에서 일어나기 어려운 일입니다. 그러나 21세기인 오늘날 사우디아라비아에서 보듯이 실질적 왕권이 유지되는 나라가 있지만, 세계적으로 왕정이 의미 있는 시대는 더 이상 아닙니다.

그럼 인류사에서 왕정이 사라지고 민주주의가 등장한 이유는 어디에 있을까요? 전 세계적으로 왕들이 실권한 것은 무엇 때문일까요? 그 문제를 답하기 위해서라도 조금 더 깊이 문제를 짚어 볼까요? 왜 서유럽에서 민주주의가 탄생했을까요. 기독교 문명이 그 원인이라고 보기엔 문제가 남아 있습니다. 구약 성경과 예수의 가르침이 신의 형상대로 인간을 창조했다거나 평등을 강조한 것은 맞습니다. 하지만 아시아에서 예수가 태어나기 500여 년 전, 아리스토텔레스보다 300여 년 앞서 붓다도 일찍이 평등에 기초한 공동체를 제시했거든요.

붓다가 창시한 불교는 모든 사람에게 불성이 있다는 가르침에서 단적으로 나타나듯이 인간 평등의 사유로 일관되어 있습니다. 붓다가 창시한 불교 교단도 모든 이의 성불을 서원하며 평등을 내세워 활동해 왔지요.

붓다의 가르침에 기존의 계급 사회에서 특권과 특혜를 누리던 세력은 반발했습니다. 신분이 다른 계급의 사람들이 함께 모여서 교단을 형성했을 때, 브라만 계급에서 비난의 목소리가 커져 갔지요. 붓다는 회피하지 않았습니다. "브라만이 최상의 종족이요, 나머지는 미천하다고 주장하는 것은 지혜로운 사람으로서는 받아들일 수 없는 일"이라고 천명했지요.

붓다는 따르는 제자들에게 거듭 강조했습니다. "이 세상에는 여러 큰 강물이 있다. 그러나 그 강물들이 바다에 이르고 나면 앞의 이름들은 없어지고 오직 대양(大洋)이라고만 불린다. 이와 같이 너희들도 출가 전에는 귀족이었거나 브라만, 바이샤, 수드라의 어느 편이었건 간에 출가하여 나의 가르침에 따른다면, 옛날의 계급과 이름은 없어지고 석가모니를 신봉하는 사문이라는 이름으로 평등하게 불린다." 카스트 제도 아래에서 인간의 평등을 밝힌 붓다의 이 선언은 중요한 의미를 담고 있습니다. 계급이 사라진 새로운 세상을 가리키고 있으니까요.

흥미롭게도 우리가 일상적으로 쓰고 있는 '자유'와 '평등'이라는 말은 영어 'liberty'와 'equality'의 번역어인데요. 다름 아닌 불교 경전에서 나온 말입니다. 자유는 붓다의 근본 사상으로 '스스로에서 유래한다', '스스로 깨닫는다'는 의미입니다. 자유(自由)는 문자 그대로 '스스로 말미암다'는 뜻이거든요. '다른 사람의 통제를 받지 않는다'는 뜻으로 이어지지요. 평등에는 '만물(중생)은 똑같이 진리를 통해 깨달음을 얻을 수 있는 존재'라는 의미가 담겨 있습니다. 기독교의 영향을 받은 'liberty'와 견주면 억압으로부터의 해방에 더해 내면의 자유, 'equality'와 비교하면 차별의 제거에 더해 서로를 존중하며 진리를 찾아가는 의미를 품고 있습니다.

무릇 민주주의, 그 아름다운 생각의 태동은 동서양 문명의 뿌리로 거슬러 올라갈 수 있습니다. 인간이 모두 존엄하고 평등하다는 위대한 성찰은 일찍이 2500여 년 전 붓다와 2000여 년 전 예수 가르침의 고갱이입니다. 모든 사람이 자유롭게 행복한 삶을 누리는 공동체의 꿈은 아름답지요. 바로 민주주의입니다.

붓다와 예수는 동서양의 역사적 전개 과정에서 그 아름다운 각성의 샘물이었습니다. 종교 제도로 굳어진 불교와 기독교가 지배 세력의 도구로 작동하는 상황에서도 무수히 많은 사람이 붓다와 예수의 가르침을 실천하며 살았습니다. 다만 붓다와 예수는 신분 제도라는 견고한 사회적 계급 구조에 직접 맞서지는 않았습니다. 모든 사람이 자유롭게 행복한 삶을 누리는 공동체, 그 민주주의 꿈이 인류의 대다수를 신분 제도의 사회적 굴레로부터 자유롭게 하는 데는 오랜 세월이 걸렸습니다.

기독교가 유럽에 큰 영향을 끼쳤듯이 불교도 아시아 전역, 특히 동아시아 문명에 깊은 영향을 주었습니다. 그럼에도 동아시아에서 인간의 차별을 전제로 한 신분 제도가 더 오래 이어지고 유럽에서 신분제를 넘어선 민주주의 사회가 먼저 열린 이유는 무엇일까요.

1789년 프랑스 대혁명으로 상징되는 시민 혁명이 일어나면서 비로소 민주주의가 구현되기 시작하는데요. 다음 강의 주제인 '민주주의 탄생의 비밀'을 들여다봅시다.

정치 산책

평등사상만으로 민주주의가 태동했을까?

붓다와 예수가 선언한 인간의 존엄성이 민주주의 태동에 밑절미가 되었음을 살펴보았습니다. 하지만 그것만으로 민주주의가 태동했다고 판단한다면 오해입니다. 종교가 문화에 깊은 영향을 끼친 것은 역사적 사실이지만, 아래로부터 민중의 실천이 더해져 민주주의가 꿈틀댔거든요. 바로 권력의 폭압과 신분 제도에 대한 민중 봉기가 그것입니다.

먼저 동북아시아에서 일어난 대표적 봉기를 살펴볼까요. 기원전 2~3세기 고대 동북아시아 역사를 진나라 중심으로 이해하지만, 진시황이 통일한 곳은 동쪽일 뿐 동북아 서쪽은 고조선이 드넓은 영토를 통치했습니다. 진시황 사후 아들이 왕권을 세습했지만 포악했습니다. 세습한 이듬해인 기원전 209년에 만리장성을 쌓으며 채찍을 휘두르고 처형을 서슴지 않는 포악한 권력에 맞서 진승과 오광이 봉기했습니다. 진승은 장성 쌓는 일에 동원되었다가 사고 없이 고향에 돌아온 사람은 지금까지 없었다며 "어차피 죽을 목숨, 한 번 보람 있는 일"을 하자며 "왕후와 장상의 씨가 따로 있지 않다"고 선언했습니다.

유라시아 대륙의 서쪽에서도 검투사 스파르타쿠스의 봉기가 일어났습니다. 두 봉기의 시차는 겨우 70여 년 정도입니다. 검투사들은 "기꺼이 채찍으로 맞고, 불에 태워지고, 칼에 찔려 죽겠다"는 맹세를 한 노예들이었습니다. 검투사를 길러내는 곳에서 스파르타쿠스가 78명을 모아 봉기하자 로마 전역의 노예들이 호응해 그 규모가 단숨에 7만 명에 이르렀습니다. 로마의 2개 군단을 격파하며 이탈리아반도 남부를 3년이나 휩쓸었지요.

고조선의 민중 봉기는 기록이 없지만 통일 신라 말기의 민중이던 원종과 애노가 귀족들의 착취에 맞서 봉기를 일으키며 후삼국 시대가 열리는 계기를 마련했습니다. 고려의 천민 망이·망소이도 신분 해방을 내걸고 전면전을 선포하며 공주에서 충주까지 충청도 전역을 1년 반에 걸쳐 확보했습니다. 조선 왕조 말기는 '민중 봉기 시대'였고 그 정점이 신분제 철폐를 이끈 동학 혁명입니다.

진승, 스파르타쿠스, 망이의 봉기는 모두 실패했습니다. 하지만 왕의 독재를 정점으로 한 고대와 중세의 계급 사회 내내 폭압과 신분 제도에 맞서 민중은 줄기차게 일어났습니다. 인간의 존엄성에 대한 각성과 민중들의 실천은 서로 맞물려 동서양 역사에 민주주의의 씨앗을 뿌렸습니다. 그 씨앗이 발현될 객관적 조건이 마련되면서 비로소 민주주의가 탄생합니다.

민 주 주 의
특 —— 강
제
4
강

민주주의 탄생의 비밀

민주주의는 왜 서유럽에서 탄생했을까

세계사에서 민주 정치라는 그 아름다운 꿈이 현실로 나타나기 시작한 곳은 근대 서유럽입니다. 지금도 민주주의가 앞서 나라로 흔히 유럽과 미국을 꼽습니다. 실제로 유럽과 미국의 민주주의가 일찍 출발한 것도, 성장한 것도 사실이거든요. 유럽에서 시작된 근대 문명이 그 뒤 지구촌을 형성하기까지 지배적 문화가 된 것도 현실입니다. 서력기원이 보편화해 있는 것이 단적인 증거이지요.

2020년대를 맞은 현재 미국은 세계 최강국입니다. 경제력과 국방력은 물론 그것을 뒷받침할 과학 기술력도 가장 앞서 있습니다.

그러다 보니 우리가 역사를 오해하는 일들이 벌어집니다. 현실의 국력이 막강하기에 과거에도 그랬을 거라는 생각이 보편적으로 퍼져 있거든요. 아시아의 대부분이, 라틴 아메리카와 아프리카가 그랬듯이 백인들의 식민지 통치를 겪었기에 더 그렇습니다. 하지만 그것은 중대한 오류입니다. 우리가 놓치고 있는 역사적 진실들이 많은데요. 그 진실들은 우리가 살펴볼 민주주의와도 직접적 관련이 있습니다.

세계사의 전개 과정에서 15세기까지 경제력과 군사력이 앞선 곳은 유럽이 아니라 동아시아였습니다. 흔히 로마 제국의 '천년 영광'을 이야기하지만 동로마와 서로마로 갈라진 뒤 로마의 위세는 크게 약화되었습니다. 더구나 이미 앞서 보았듯이 아시아에서는 이미 예수보다 500여 년 앞서 붓다가 모든 인간이 존엄하고 평등하다는 민주주의 사상의 초석을 놓았지요.

그렇다면 왜 서유럽에서 민주주의가 탄생했을까요? 그 비밀을 찾으려면 근대 민주주의가 싹튼 15세기의 지구를 들여다볼 필요가 있습니다. 1400년대 유럽의 정치 경제 체제는 엉성했는데요. 여러 지역으로 갈라져 각각 영주들 중심으로 기사 계급들이 권력 체제를 무력으로 뒷받침했고 성직자 계급이 그 체제를 정당화했습니다. 왕이 있었지만 중앙 집권 체제가 강력하지 못했습니다.

여기서 신분제에 바탕을 둔 왕들의 역사가 종언을 고하는 과정을 짚어 보죠. 왕들이 어느 날 스스로 사퇴하며 앞으로는 왕을 투표로 뽑자고 했을 리는 없습니다. 비록 서유럽의 왕국들이 동아시아와 달리 강력한 중앙 집권 체제를 이루지 못했다고 하더라도 왕권은 스스로 포기하기엔 너무나 유혹적인 권력이니까요. 프랑스만 해도 루이 14세는 "짐이 곧 국가"라며 절대 왕권을 휘둘렀지요. 물론 그 결과 귀족들과 상공인들의 저항을 불러일으켰습니다.

민주주의 싹이 튼 곳은 세계사의 주변 지역이었습니다. 그 시점에서 서유럽은 중앙 집권 체제가 강력하지 못했기 때문에 여기저기 '틈새'가 있었습니다. 권력의 틈새에서 처음부터 민주주의자들이 작심하고 등장한 것은 아닙니다. 중세 질서의 틈새에 먼저 뿌리를 굳게 내리고 올라온 사람들은 민주주의자가 아니라 상인이나 수공업자들입니다. 그 상인과 공인이 점차 세력을 키워 새로운 정치 체제를 형성해 간 과정이 유럽의 근대사입니다.

서양의 역사학자들도 17세기 이전까지 서유럽은 지구촌 문명의 핵심부가 아니었음을 21세기에 들어와 인정하고 있습니다. 동양과 서양이라는 구분이 생긴 기원전 1만 4000년부터 서기 2000년까지 장장 1만 6000년 동안 유라시아 대륙에 나타나 경쟁해 온 사회들의 발전 과정을 객관적 분석틀로 톺아보아도 분명합니다. 서유럽은 미개한 지역이었고 서양의 핵심부도 아니었습니다. 메소포타미아 문명에서 시작한 서양은 줄곧 지중해 연안 지역을 중심으로 문명을 이뤘지요. 그 시기에 서유럽은 낙후된 탓에 부국을 이루려는 간절함이 있었습니다. 일확천금을 노리는 탐험가들이 나타난 까닭이지요(이언 모리스, 『왜 서양이 지배하는가』, *Why The West Rules-For Now*, 2011).

콜럼버스를 비롯한 탐험가이자 식민주의자들이 대서양 건너에서 아메리카 대륙을 발견하면서 세계사적 변동이 일어나기 시작했습니다. 교역과 경제의 중심지가 지중해에서 대서양으로 옮겨 갔거든요. 지중해를 대신해 대서양 경제가 새로이 떠오르며 무역과 금융 사업 발달로 이어졌습니다.

상공인들의 세력이 커져 가면서 지배 세력인 귀족이나 성직자 계급에게 경제적으로 예속되지 않는 지식인들이 나타나기 시작했습니다. 상공인들의 자녀이거나 그들과 계약을 맺음으로써 직간접적 연관을 지닌 그들은 중세와는 다른 새로운 철학을 전개했습니다.

근대 철학의 아버지로 평가받는 데카르트(Descartes, 1596~1650)의 "나는 생각한다, 고로 존재한다(코기토 에르고 숨)"는 명제에는 인간의 운명이 혈통으로 좌우되던 귀족 사회의 기반을 무너트리는 혁명적 의미가 담겨 있습니다. "인간은 백지로 태어난다(타불라 라사)"는 로크(Locke, 1632~1704)의 명제도 마찬가지이지요.

왕권으로부터의 자유로 시작한 민주 정치 사상은 마침 인쇄술의 상업화를 밑절미로 퍼져 갔습니다. 인쇄술이 발달하면서 종교 개혁과 계몽사상이 확산될 수 있었던 물리적 기반이 되었지요. 인쇄술에 근거한 커뮤니케이션의 획기적 변화가 근대 사회를 열었다는 점에서 역사가들은 이를 '구텐베르크 혁명'으로 부릅니다.

중세의 신분제 지배 체제 아래 놓였던 민중들은 절대다수가 문맹 상태였지만 인쇄 혁명으로 달라집니다. 인쇄술이 성경의 대량 배포를 통한 종교 개혁만이 아니라 신문이라는 미디어를 가능하게 함으로써 대중 매체 시대를 열었거든요.

처음에는 시장의 상품 시세를 담는 '정보지'로 선보인 신문은 상공인들이 세력화하고 계몽사상이 확산되면서 정치적 주장을 담아갔지요. 말 그대로 정론지로서 신문이 탄생한 것입니다. 상공인들은 신문 발행을 통해 계몽사상을 확산시키며 정치의식의 각성을 이뤄 나갔습니다.

상공업 규모가 커지자 그들이 내는 세금도 늘어났습니다. 그럼에도 정치적 발언권은 신분제에 토대를 둔 세력—왕족, 귀족, 성직자 계급—이 독점하고 있는 현실을 상공인들이 비판적으로 바라보는 것은 자연스러운 현상이었습니다. 두 세기에 걸쳐 서서히 세력을 넓혀 가던 상공인들은 왕국이 자신들의 세금으로 대부분 유지되는데 정작 자신들을 정치적 결정에서 배제하는 현실에 문제의식을 갖게 되었습니다. 상공인들은 중세 사회 내부에서 세력을 형성해 나가면서 조금씩 자신들의 정치적 발언권을 키워 갔지요.

상공인들의 사업이 커지면서 돈을 주고 사람을 고용하여 일을 시키는 사례가 크게 늘어났습니다. 바로 노동인들의 등장입니다. 상공인들은 정치적 참여를 요구하며 자신들이 고용한 노동인들을 앞장세워 왕권에 도전하기에 이르지요. 자본이 축적되면서 상공인들의 발언권이 한층 커졌거든요. 그들이 재력을 불림에 따라 국력도 커졌는데요. 초기에는 대서양 연안 국가인 스페인과 포르투갈이 지리적 이점으로 힘을 키워 갔지만 이후로 네덜란드를 거쳐 영국이 강대국으로 떠올랐습니다.

과학 혁명으로 새로운 기술을 개발하고 대서양 경제를 창출해 부를 축적할 수 있었던 서유럽은 산업 혁명이 일어나기에 최적의 조건을 갖추고 있었습니다. 화석 연료의 활용법, 곧 증기 기관을 통해 화석 연료를 운동 에너지로 전환하는 방법은 서유럽을 국제적 강대국의 자리에 올려놓았지요. 제국주의 침략으로 지구 곳곳을 강탈해 식민지로 지배한 영국은 말 그대로 '해가 지지 않는 나라'가 되었습니다.

최근 역사학계는 동아시아가 아닌 서유럽에서 식민지 개척이 있었던 가장 큰 원인을 지리적 차이에서 찾고 있습니다. 물리적 거리로 서유럽 사람들이 아메리카 대륙에 닿을 가능성이 동아시아보다 훨씬 높았다는 거죠. 실제로 무역풍까지 불어 대서양 서쪽으로 항해가 쉬웠습니다.

작은 나라들로 갈라져 서로 경쟁했던 유럽과 달리 동아시아는 한족의 명나라든 만주족의 청나라든 중앙 집권적인 거대한 제국을 이루고 있었기에 굳이 모험을 해 가며 태평양을 횡단할 필요가 없었습니다. 명나라 시기인 1405년 정화의 원정대가 62척의 배와 2만 7800명을 거느리고 해양 개척에 나서기도 했습니다. 하지만 동남아시아, 인도, 아라비아 반도, 아프리카 동부 해안까지 가는 데 그쳤습니다. 명나라 왕이 바뀌면서 해상 원정을 중단했거든요.

동아시아의 명·청 왕국이나 조선 왕국과 달리 서유럽 왕국들은 신대륙과 신학문에 관심과 지원을 이어 갔습니다. 왕국에서 살아가던 상공인이나 노동인들은 모두 군주에 충성해야 할 신민이었는데요. 인쇄술의 발달로 문자를 익히고 상공업의 발달로 힘을 키운 신민들이 신분제를 벗어나 시민으로 등장하는 역사적 사건이 바로 시민 혁명입니다.

세계사의 전개 과정에서 시민 혁명의 상징은 프랑스 혁명(1789)입니다. 혁명 과정에서 왕(루이 16세)과 왕비(마리 앙투아네트)의 목은 가차 없이 단두대에서 잘려 나갔지요. 수천 년 동안 이어 온 왕권은 그렇게 무너져 내리기 시작했습니다. 왕을 중심으로 공동체의 통합을 이루는 방법 밖에는 생각하지 못했던 인류가 마침내 민주 정치를 '출산'한 거죠.

인쇄술의 발달, 그에 따른 민중 의식의 성숙과 조직이 뒷받침되지 않았다면 왕들의 역사는 더 오래 지속됐겠지요. 왕들이 스스로 왕권을 포기하지 않았던 사실에서 우리는 역사의 원동력이 아래로부터 민중의 투쟁이라는 새삼스러운 진실을 확인하게 됩니다. 주권이 민중에게 있다는 명제가 혁명과 투쟁의 역사를 바탕으로 정립되었지요.

더러는 수천 년 동안 이어 온 왕들의 역사를 넘어선 전환점으로서 시민 혁명이 꼭 유혈 사태를 겪은 것은 아니라고 주장합니다. 기실 시민 혁명을 시간으로만 따진다면 영국 혁명(1688), 미국 독립 혁명(1776), 프랑스 혁명(1789) 순인데요.

영국인들은 자신들의 시민 혁명이 시기적으로 가장 앞섰으면서도 유혈 사태가 없었다고 자부합니다. 프랑스 혁명보다 100여 년 앞서 일어난 '명예혁명(Glorious Revolution)'은 당시 왕(제임스2세, 1633~1701)을 폐위하고 네덜란드로 출가한 그의 딸 메리와 남편인 윌리엄을 공동 왕으로 추대했는데요. 피를 흘리지 않아 명예혁명이라 규정했지만, 조금만 들여다보더라도 진실은 다릅니다. 네덜란드를 지배하던 윌리엄과 메리 부부가 군대를 이끌고 영국 남서부에 상륙해 런던으로 진격했기에 가능한 일이었지요. 왕은 도망갔습니다. 영국 안에 정치적 기반이 없었고 의회의 도움을 받아 공동으로 왕이 된 메리와 윌리엄은 앞으로 왕위를 계승할 때 의회의 승인을 받는 데 합의했습니다. 왕권을 명문화해서 제한한 권리 장전은 왕이 의회의 의결 없이는 세금을 걷지 못함은 물론, 징병이나 법률 폐지도 못한다고 규정했지요. 근대 민주 정치를 연 시민 혁명으로 평가받는 이유입니다.

왕을 처형하지 않고도 왕권을 제한했다는 점에서 명예혁명이라 부르지만 그 배경에는 청교도 혁명의 유혈 사태가 있었지요. 청교도 혁명(Puritan Revolution)은 1640년에서 1660년에 걸쳐 영국에서 청교도가 중심이 되어 일으킨 혁명인데요. 역사가에 따라서는 이를

'최초의 시민 혁명'으로 평가합니다. 당시 고압적으로 세금을 부과하던 영국 왕 찰스 1세(1600~1649)가 청교도들의 손에 처형당했거든요. 그런 역사가 있었기에 명예혁명 시기에 제임스 2세는 항전을 포기했고 메리는 권리 장전을 수용할 수밖에 없었던 거죠. 영국 역사에서도 왕이 가차 없이 처형당한 사실에 주목할 필요가 있습니다.

수천 년 왕정 무너트린 상공인의 저력

인류사에서 수천 년 이어 온 왕정을 무너트리고 민주주의가 탄생하는 과정에는 피어린 고통이 있었습니다. 미국 독립 혁명도 바다 건너 영국 왕정을 거부하며 유혈 사태를 거쳤습니다. 미국의 독립 전쟁은 프랑스 혁명보다 앞서 일어났지만, 유럽에서 건너간 사람들이 이룬 사건이거니와 왕권에 저항해 온 유럽의 계몽사상이 있었기에 가능한 일이었습니다. 그 점에서 대다수 역사학자들이 왕권에 맞선 전형적인 시민 혁명으로 프랑스 혁명을 꼽습니다.

1789년 프랑스 혁명은 '자유 · 평등 · 우애'를 내걸고 일어났습니다. 물러난 왕과 왕비가 왕권을 되찾으려고 외세를 끌어들이려던 사실이 발각되었을 때, 혁명의 주체들은 곧바로 두 사람을 단두대에 올렸습니다. 현장에서 잘려 나간 왕과 왕비의 목을 본 민중들은 환호했지요.

그럼 이제 영국과 미국, 그리고 프랑스에서 시민 혁명으로 탄생한 민주주의의 이면을 들여다볼까요. 우리는 그곳에서 자본주의와 마주하게 됩니다. 왕과 귀족의 신분제 나라에서 상공인들이 세력을 형성해 나가는 과정, 그것은 다른 한편으로 자본주의가 보편적 경제 체제로 자리 잡아 가는 과정이었거든요. 우리가 자칫 놓치기 쉬운 민주주의 출생의 비밀입니다.

자본주의는 말 그대로 자본이 중심이 되는 사회입니다. 자본이 주도하는 사회가 형성되는 과정에서 화폐는 중요한 구실을 하지요. 상공인들이 세력화하면서 상업의 발달과 함께 화폐가 대량으로 유통되어 보편화했습니다.

일정한 양의 돈으로 구입할 수 있는 것은 평민에게도 귀족에게도 심지어 왕에게도 같다는 사실을 사람들이 새삼스레 인식하게 됨으로써, 화폐 유통은 전혀 의도하지 않게 인간이 평등하다는 생각이 퍼져 가는 바탕이 되었습니다. 화폐의 보편화가 신분제를 흔드는 현상은 모든 나라에서 발견할 수 있지요.

유럽에서 15세기에 접어들며 활발하게 유통된 화폐를 배경으로 상인들은 수공업 생산물이나 원격지 상품 판매를 통해 부를 축적해 갔고 공인들과 함께 세력을 형성해 갔습니다. 17세기에 들어서면서 절대 왕정 체제가 자리 잡아 왕권이 강화되는 현상이 표면적으로 나타났지만, 중상주의 정책을 펴 나감에 따라 상공인들의 세력화는 가속도가 붙었지요. 절대 왕정은 체제를 유지하려면 많은 돈이 필요했거든요. 세금을 거둘 대상이 상공인들이었습니다.

상공인들 사이에 세금 증대와 정치적 배제에 불만이 커져 가면서 왕의 신화적 지위와 귀족들의 정치 독점에 의문을 제기하는 생각이 나타났습니다. 이는 개인주의와 민주주의 사상의 발전으로 이어졌지요. 가령 17세기 중반 영국의 문필가이자 시민 혁명 때 활약한 평등주의자 리처드 오버튼은 「모든 폭군을 향해 쏘는 화살, An Arrow against all Tyrants and Tyranny」 제목의 논설에서 "내가 바로 나의 소유자"라며 "모든 인간은 본래 자연스러운 자신의 범위와 한계를 지닌 왕이요, 사제요, 선지자이므로 그가 위임하거나 자유롭게 동의하지 않는다면 누구도 이런 위치를 나누어 가질 권리가 없다"고 선언했습니다.

모든 인간이 왕이라는 언명, 그것은 왕정의 시대에 혁명적 발상이었지요. '세상에서 가장 중요한 것은 자기 자신이 되는 것'이라는 몽테뉴의 경구가 퍼져 가던 시기이기도 했습니다. 실상 근대 사회 이전의 사람은 신분제의 두터운 질서 아래 태어날 때부터 특정 신분의 인간으로 규정되었지요. 왕족이나 귀족의 집안에서 태어난 인간과 평민이나 천민으로 태어난 사람은 결코 같은 존재일 수 없었습니다.

인간이 자기 자신을 독립된 존재로 발견하는 일, 바로 그것이 근대적 개인의 등장이었습니다. 상공인들이 세력화하고 있었기에 가능했지요. 농노와 달리 성 안에 살던 상인과 공인을 성곽 도시(bourg)

에 사는 주민이라는 뜻에서 부르주아지(bourgeoisie)라고 불렀는데요. 도시에 거주하며 봉건 영주에게 세금을 바치면서 상품을 생산하고 판매했습니다. 상인과 그들이 고용한 사람, 보석을 세공하고 시계를 제조하는 사람, 재단사와 목수, 공구 제작자와 자물쇠 수리공들입니다. 그들은 자신의 일에 나름대로 결정권을 지니고 있었지요. 성곽 도시 안에 살아가는 사람들이라는 말 이상의 뜻이 '시민'에 담겨 있는 거죠.

상공인들은 경제적 부를 축적하면서 토지에 기반한 귀족들과 자신들의 이해관계가 다르다는 사실을 명확히 인식해 갔지요. 왕족과 귀족들이 정치를 독점하며 일방적으로 세금을 부과하는 것은 옳지 않다는 공감대가 퍼지면서 마침내 정치 참여를 위한 행동을 모색했는데요. 그 의지의 결집과 구현이 바로 앞서 살펴본 시민 혁명입니다. 낡은 중세 체제와 싸워 이기기 위해 자신들이 고용하고 있던 노동인들과 소작농은 물론 빵값을 내려 달라고 호소하는 여성들까지 끌어들였습니다.

상공인들은 왕족과 귀족들로부터 빼앗은 정치권력이 개개인의 사유 재산을 절대 보장해야 한다고 믿어 의심치 않았지요. 자신들이 축적한 재산은 스스로 일궈 온 결과라고 확신했기 때문입니다.

토지에 바탕을 둔 봉건적 정치 질서가 무너지면서 상공인들이 주체가 된 자본주의 체제가 본격적으로 퍼져 가기 시작했습니다. 상공인들과 그들이 축적한 자본이 더 많은 이익을 좇아 사회의 모든 부문으로 침투하면서 자본의 이윤 논리가 모든 걸 변화시켜 갔습니다.

근대 사회에 자본주의 체제가 들어서는 과정을 가장 날카롭게 포착한 철학자가 다름 아닌 마르크스(1818~1883)입니다. 상공인들(부르주아)은 "100년도 채 못 되는 계급 지배 동안에 과거의 모든 세대가 만들어 낸 것을 다 합친 것보다도 더 많고, 더 거대한 생산력을 만들어 냈다"며 "자연력 정복, 기계에 의한 생산, 공업과 농업에서의 화학 이용, 기선에 의한 항해, 철도, 전신, 세계 각지의 개간, 하천 항로의 개척, 마치 땅 밑에서 솟아난 듯한 엄청난 인구, 이와 같은 생산력이 사회적 노동의 태내에서 잠자고 있었다는 것을 과거의 어느 세기가 예감이나 할 수 있었을까!"라고 찬사를 보냈습니다(마르크스, 『공산당 선언』, *The Communist Manifesto*, 1848).

흔히 상공인(부르주아)들을 적대시했다는 오해를 받고 있지만 마르크스는 그 누구보다도 자본가들의 역사적 공헌을 꿰뚫고 있었지요. 그는 상공인들이 "역사에서 아주 혁명적인 역할을 해냈다"며 "사람을 타고난 상전들에게 얽매어 놓고 있던 온갖 봉건적 속박을 가차 없이 토막 내 버렸다"고 상공인들의 '혁명성'을 평가하는 데도 인색하지 않았습니다.

'시민'에서 배제된 노동인들

시민 혁명이 일어난 뒤 왕정이 깨끗이 물러가진 않았습니다. 왕족들은 조금이라도 틈이 보이면 왕위에 앉으려는 욕심을 부렸지요. 왕과 왕비를 단두대에 올린 프랑스에서도 왕정이 마침표를 찍은 것은 1789년에서 100여 년이 지나서였습니다. 그 사이에 일어난 1848년 혁명과 1871년의 파리 코뮌 투쟁 때 파리는 말 그대로 '피바다'였습니다.

'민주주의는 피를 먹고 자라는 나무'라는 말은 단순한 수사가 아니었지요. 이는 좌파나 우파의 사관 문제도, 진보나 보수의 문제도 아닙니다. 객관적이고 역사적인 사실입니다. 근대 민주주의 탄생과 성장에는 피비린내 진동하는 투쟁이 자리하고 있습니다.

왕권에 맞서 시민 혁명을 이룰 때 상공인들은 자신들이 고용하고 있던 노동인들을 선동해 평등 의식을 심어 주고 혁명의 대열에 앞장세웠습니다. 그런데 시민 혁명에 성공하자 그들은 자신들의 경제력과 정치권력을 지키기 위해 고용하고 있던 노동인들은 물론, 농민이나 빈민의 정치 참여를 원천적으로 배제했습니다. 왕정을 무너트리는 데 앞장선 민중들이 상공인들보다 다수였기에 그들에게 아무런 제약 없이 참정권을 준다면 자신들이 거머쥔 권력을 빼앗길 수 있다고 우려했거든요.

민주주의와 자본주의는 떼려야 뗄 수 없는 관계로 출발했지만 후자의 성장이 전자의 발전으로 곧장 이어지지는 않았습니다. 역사적 전개 과정이 생생하게 입증해 주듯이 상공인들은 온전한 민주주의자가 아니었습니다. 왕족과 귀족이 누리던 정치적 특권을 빼앗을 생각은 강렬했지만, 자신들이 누리고 있던 경제적 권력이나 새롭게 손에 넣은 정치권력을 나눌 의지는 부족했습니다. 그들은 왕으로부터 빼앗은 국가 주권을 자신들의 특권으로 챙겼지요. 그들이 내건 자유와 평등은 민중을 시민 혁명의 전선으로 끌어내기 위한 '구호'에 지나지 않았습니다.

시민 계급의 한계를 뚜렷이 확인할 수 있는 대표적 보기가 투표권입니다. 자유와 평등에 우애까지 내세우고 시민 혁명으로 왕을 단두대에 올렸으면, 당연히 국가의 모든 구성원이 왕을 대신할 지도자를 투표로 뽑는 데 참여해야 옳았지요.

하지만 프랑스 혁명이 일어난 바로 그해(1789년 12월 22일)에 공포된 법은 선거권과 피선거권에 재산을 조건으로 달았습니다. 이는 그보다 겨우 넉 달 전인 8월 26일에 공표된 '인권 선언(인간과 시민의 권리에 대한 선언)'의 제1조 "인간은 나면서부터 자유로우며 평등한 권리를 지닌다"와 정면으로 배치됩니다. 혁명 직후 공표한 인권 선언에서 평등하다고 선언된 사람들을 선거법은 등급으로 나눴습니다. 납세 기준점 미달, 주거 부정, '하인' 신분 따위의 이유로 선거권을 박탈하는 반민주적 작태도 서슴지 않았습니다.

상공인들이 주도한 자본주의 사회를 인간화하고 민주화하려는

<표 3> 영국의 선거권 확대 과정

시 기	선거권 확대 내용
1800년대 초기	귀족과 부자만 선거권 인정
1832년 선거법	중산 계급에 선거권 인정 (총인구의 3%인 65만 명 정도가 선거권을 가짐)
1867년 선거법	도시 소시민과 노동인에 선거권 인정 (총인구의 7%인 200만 명으로 증가)
1884년 선거법	농부와 광부의 선거권 인정 (총인구의 12~13%인 440만 명으로 증가)
1918년 선거법	30세 이상의 부인에 선거권 인정
1928년 선거법	모든 성인 남녀에 선거권 인정(보통 선거제 확립)

민중의 노력은 여러 갈래로 나타났습니다. 민주주의 기본이라는 선거제를 볼까요. 〈표 3〉에서 볼 수 있듯이 세계 최초의 시민 혁명을 자부하는 명예혁명을 이룬 영국에서 선거권은 매우 더디게 확대되었습니다.

19세기 세계 최선진국을 자임한 영국은 귀족과 부자의 선거권만 인정하다가 1830년대에 들어서서 그 대상을 중산층으로 확대했습니다. 그래 봐야 총인구의 3%만 선거권을 지녔을 뿐이지요. 1848년 혁명이 유럽 대륙을 휩쓸었음에도 영국은 1867년이 되어서야 노동인들에게도 선거권을 찔끔 넓혔습니다. 총인구의 3~7% 수준만 선거권을 지녔을 때 우리가 그것을 민주 정치라고 할 수 있을까요?

프랑스를 비롯해 여러 '선진국'에서도 선거권은 재산을 일정 규

<표 4> 세계 각국의 보통 선거제 실시 시기

구분	프랑스	영국	미국	독일	이탈리아	일본	한국
남자	1848년	1918년	1870년	1870년	1912년	1925년	1948년
여자	1946년	1928년	1920년	1920년	1945년	1945년	1948년

모 이상 소유한 남성, 그러니까 상공인들로 한정했습니다. 자본가들은 경제적 자유는 물론 정치적 자유도 독점할 셈이었습니다.

프랑스에서 모든 국가 구성원들에게 보통 선거권이 주어진 것은 1789년 혁명 뒤 150여 년이 지난 1946년입니다. 그나마 프랑스는 아래로부터의 혁명이 줄기차게 이어졌기에 1848년에 남성에 대한 보통 선거가 구현될 수 있었지요. 참으로 납득하기 어렵지만 〈표 4〉에서 나타나듯이 20세기가 열릴 때까지 지구의 그 어떤 나라도 여성에게 선거권을 주지 않았지요. 남성도 신분이나 재산, 인종에 따라 선거권이 제한됐습니다.

그렇다면 무엇이 선거권을 확대해 왔을까요? 그 문제는 민주주의는 어떻게 성장했을까와 이어집니다. 그 답은 명확하고 중요합니다.

다름 아닌 아래로부터의 싸움입니다. 선거권을 요구하며 끊임없이 아래로부터 투쟁이 있었기에 가능했습니다. 선거권이 한 단계 더 확대될 때마다 수많은 민중이 피를 흘렸지요. 선거권의 확대는 피를 먹고 자라는 나무의 한 줄기였습니다.

정치 산책

'건국의 아버지' 토머스 제퍼슨의 노예들

영국의 왕정에 맞선 미국의 독립 선언문이 모든 사람은 평등하게 창조됐다고 천명한 사실을 살펴보았는데요. 그 선언문을 쓴 이가 바로 토머스 제퍼슨(1743~1826)입니다. 미국의 정치가이자 외교관, 변호사로 활동했으며 초대 대통령 조지 워싱턴과 함께 '건국의 아버지'로 존경받아 왔지요. 워싱턴, 애덤스에 이어 미국의 제3대 대통령으로 재임했습니다.

민주주의는 '피를 먹고 자라는 나무'라는 말로도 잘 알려져 있지요. 더러는 그 말이 왜곡됐다고 주장합니다. 원문은 "자유라는 나무는 때때로 애국자와 독재자의 피로 새롭게 되어야 한다(The tree of liberty must be refreshed from time to time with the blood of patriots and tyrants)"라는 거죠. 하지만 미국의 독립 혁명이 시민 혁명으로 평가받듯이 당시 자유는 중세적 왕정으로부터의 자유였고 민주주의를 상징하는 말이었습니다. 그래도 굳이 왜곡이라고 주장하는 것은 '자유'이지만, 그것이 문제될 일은 전혀 아닙니다.

세계사를 톺아보면 볼수록 민주주의는 민중과 독재자의 피를 먹고 자라는 나무임이 분명하니까요. 숱한 민중들이 시민 혁명 과정에서 숨졌고, 왕권을 지키려한 왕과 왕비도 단두대에 올랐거든요. 따라서 딱히 그 말을 제퍼슨을 중심에 두고 논의할 필요는 없습니다. 제퍼슨이 민주주의 개념의 종결자도 아니거니와 미국의 독립 선언문도 유럽의 정치사상들로부터 영향을 받아 쓴 문장들이니까요.

더구나 모든 사람이 평등하게 창조되었다고 독립 선언문에 쓴 그가 정작 흑인 노예들을 600명이나 '소유'하고 있었다는 사실이 확인됐습니다. 흑인 노예를 임신시킨 사실도 밝혀졌지요. 시민 혁명 뒤 노동인들을 비롯한 가난한 민중에게 투표권을 주지 않은 유럽의 상공인들과 같은 행태이지요.

역사는 제퍼슨이 부르짖은 '자유'의 위선에 결코 눈감지 않았습니다. 2021년 11월 15일 〈뉴욕 타임스〉를 비롯한 언론들은 그의 동상이 뉴욕시의회에서 철거된다고 보도했습니다. 그에 앞서 2020년 6월, 뉴욕 맨해튼에서 있는 조지 워싱턴 미국 초대 대통령의 조각도 핏빛 페인트가 칠해졌지요. 워싱턴 또한 노예를 소유했습니다.

제퍼슨의 동상을 뉴욕 시의회에서 철거하라는 운동이 불붙은 계기는 2020년 흑인 남성이 백인 경찰의 폭력으로 억울한 죽음을 맞으면서 일어난 대규모 인종 차별 반대 운동이었습니다. 민주주의는 '피를 먹고 자라는 나무'임이 입증된 셈입니다.

민주주의 위기 어디서 왔는가?

민주주의 성장의 진실은 무엇일까

자유, 평등, 우애를 내건 프랑스 혁명에서 상공인들은 자유를 가장 중시했습니다. '민주주의'보다 '자유주의'라는 말을 더 자주 내세웠지요.

민주주의와 자본주의는 서유럽에서 함께 근대 사회를 열었지만 갈등을 빚을 수밖에 없었습니다. 자본주의는 말 그대로 자본이 중심이지만 민주 정치는 사람을 중심에 두기에 둘 사이에 갈등은 필연입니다. 상공인들과 자본이 중심이 된 자본주의 사회에서 민주주의, 곧 민주 정치를 구현하는 운동이 일어나는 것 또한 필연이겠지요. 기실 한 사회의 모든 구성원들이 사용하는 여러 재화들은 공공적 성격을 지님에도 그 재화를 생산하는 수단을 특정인이 사적으로 소유하는 자본주의 사회는 그 생산 수단을 지니지 못한 대다수 민중의 이익과 어긋날 가능성이 높습니다.

프랑스 혁명 뒤 200여 년에 걸쳐 자본주의 사회에서 민주주의를 구현하려는 인간의 열정은 끊임없이 이어져 왔습니다. 세계 여러 나라가 보통 선거제를 도입한 역사적 과정을 톺아보면 그것이 아래로부터 민중의 줄기찬 투쟁과 함께 사회주의 사상의 확산과 무관하지 않다는 사실을 쉽게 확인할 수 있습니다.

보통 선거권이 확립되는 과정에 사회주의자들은 두 차원에서 기여했습니다. 먼저 사회주의자들 스스로 민중의 선거권 확대 투쟁에 앞장섰습니다. 다른 하나는 사회주의자들의 혁명적 사상과 실천이 자본주의 지배 세력들로 하여금 양보하도록 '강제'한 차원입니다. 보통 선거권을 도입하지 않을 때, 투표권이 없는 노동인들의 분노가 폭발할 가능성이 있었거든요. 그 경우에 자신들이 지배하고 있는 자본주의 체제 자체가 혁명적으로 종식될 수 있다는 위기의식을 떨쳐 버릴 수 없었습니다.

자본의 이윤 추구가 국가 내부에서는 민중 억압으로, 외부로는 제국주의 침략으로 나타나자 그 기반인 자본주의 체제를 분석하는 지식인들이 나타났습니다. 철학자 마르크스가 가장 돋보였지요. 철학 박사 학위를 받은 뒤 기자로 활동하며 1848년 혁명을 적극 추동

했던 그는 결국 프랑스를 거쳐 영국으로 망명했는데요. 산업 혁명에 앞장서서 세계 패권을 누리던 영국의 수도 런던에 둥지를 틀고 자본주의의 문제점을 파헤쳤습니다.

마르크스의 철학은 유럽의 인간 중심적인 철학 전통에 깊이 뿌리내리고 있는데요. 18세기 독일과 프랑스의 계몽사상을 거쳐 괴테의 문학과 헤겔의 철학에 이르는 전통은 인간의 무한한 가능성을 남김없이 실현하자는 열망으로 가득 차 있었지요.

더 논의하기에 앞서 마르크스에 대한 편견이 빚은 거부감부터 벗어날 필요가 있겠습니다. 마르크스라면 '빨갱이'를 떠올리는 사상적 편협성으로는 21세기를 창조적으로 열어 갈 수 없으니까요.

영국 공영 방송 BBC가 새 천년 개막을 앞두고 실시한 1999년 설문 조사에서 지난 1000년 동안 인류에게 가장 큰 영향을 끼친 사상가 1위로 코페르니쿠스, 뉴턴, 칸트, 다윈이 아닌 마르크스가 꼽힌 데는 그럴 만한 이유가 있겠지요. 2008년 미국에서 시작된 세계적 금융 위기 국면을 맞아서는 당시 프랑스 대통령 사르코지가 보수 정치인임에도 마르크스의 『자본론』을 들여다보는 자신의 사진을 공개했습니다.

민주주의를 깊이 이해하기 위해서도 마르크스 사상이 무엇인가를 선입견 없이 짚을 필요가 있습니다. 마르크스 철학을 정확히 파악할 때 비로소 그 한계를 넘어설 수 있기에 더 그렇습니다. 마르크스는 1848년에 프랑스와 프로이센(독일)에서 상공인들이 투표권과 평등을 요구하는 노동인들을 잔인하게 살육한 사건이 일어나자 큰 충격을 받았습니다. 3만에서 4만여 명에 이르는 노동인들이 사흘 동안 18만여 명의 정규 군대와 맞서 싸우다가 대부분 학살당했는데요. 〈신-라인 신문 Die Neue Rheinische Zeitung〉에 쓴 논설(1848년 6월 29일)에서 마르크스는 프랑스 혁명이 자유, 평등과 함께 내건 우애가 현실에서 어떻게 구현되고 있는가를 사뭇 비장하게 짚었습니다.

"우애. 서로 대립하고 있는 계급. 한쪽이 다른 한쪽을 착취하는 두 계급 사이의 우애. 2월에 선언되어 파리의 이마에, 모든 감옥과 모든 병영 위에, 대문짝만 하게 쓰인 '우애'—그 진실의 순수한 표현, 산문적 표현은 바로 '내란'이다. 가장 참혹한 풍경으로 나타난 내란, 노동과 자본 사이의 전쟁이다. '우애'는 6월 25일 밤 파리의 모든 창가에서 불타올랐다. 그때 부르주아지의 파리는 휘황찬란하게 빛났다. 그러나 프롤레타리아트의 파리는 불타고 피를 흘리며 죽음의 비명을 질렀다."

물론 개탄만 하지 않았습니다. 같은 글에서 신문 기자 마르크스는 "역사는 노동인들이 치른 최초의 전쟁에서 쓰러진 투사들에게 전혀 다른 지위를 부여할 것이다"라고 단언하며 1848년 혁명의 의미를 부각했습니다.

역사적으로 민주주의는 자본주의와 함께 태어났지만 태어난 순간부터 갈등을 빚을 수밖에 없었습니다. 국내적으로 노동인들의 소외와 불평등을 구조화한 자본주의의 이윤 추구 논리는 국제적으로 더 큰 야만을 저질렀는데요. 자본주의 국가들이 앞을 다퉈 다른 나라를 침략해 식민지로 삼고 착취하면서 제국주의 시대가 열렸습니다. 국가 안팎에서 자본의 자유는 국민의 주권은 물론이고 다른 국가들의 주권마저 유린했습니다. 자본주의 비판과 극복이 절박한 시대적 과제로 떠오른 까닭이지요.

상공인들이 중심이 된 시민 혁명의 역사적 진보성은 1848년 혁명으로 또렷한 한계를 드러냈습니다. 유럽에서 초기 민주주의가 가난한 노동인들을 배제했듯이, 미국의 초기 민주주의는 본디 아메리카에 살고 있던 선주민(인디언)들의 대량 학살과 아프리카 흑인들을 노예로 삼은 착취 위에 건설되었지요.

자본주의의 틀을 넘어 세계적 차원에서 자유와 평등, 우애를 이루려는 갈망과 의지는 노동 계급에 기반을 둔 사회주의 혁명으로 나타났습니다. 그 혁명의 철학을 제시한 마르크스는 자본주의 시민 사회의 대안으로 '인간적 사회'를 제안했습니다. 자신의 문제의식을 압축해서 제시한 「포이어바흐에 관한 테제」에서 낡은 유물론의 입각점이 시민 사회(civil society)인 반면, 새로운 유물론의 그것은 '인간적 사회(human society) 또는 '사회적 인류(social humanity)'라고 선언했는데요. 상공인들 중심의 시민 사회를 넘어선 인간적 사회는 모든 사람의 인간성이 자유롭게 발현되는 사회를 의미합니다.

마르크스의 『경제학-철학 수고』(1844년)와 『독일 이데올로기』(1845~46년)에 나타난 철학적 목표는 단연 '인간 해방'입니다. 이윤을 좇는 자본의 논리가 지배하는 사회에서 노동이 철저히 소외됨으로써 인간 자체가 소외되는 비극적 현실을 마르크스는 참을 수 없었지요. 자본주의 체제에서 구조화된 생존 경쟁의 굴레에서 벗어나 모든 사람이 자유롭게 자신을 실현해 나가는 사회를 건설하고 싶었습니다.

눈여겨볼 지점은 마르크스가 종래의 휴머니즘 연장선상에 있으면서도 인간의 해방을 관념적 철학이나 '사고의 전환'으로 접근하지 않은 사실입니다. 마르크스는 인간 해방을 구체적인 삶의 사회경제적적 조건을 바꾸는 데서 찾았습니다. 책 제목의 선입견 때문에 적잖은 사람들이 입에 담기 거북스러워하지만, 사회적 조건을 날카롭게 분석해 나간 사상적 열매가 『공산당 선언』(1848)입니다. 사실 그 선입견이나 거북스러움이 어디서 비롯되었는가를 짚어 볼 필요도 있겠습니다.

마르크스는 자본주의를 넘어선 새로운 사회의 주체로서 노동 계급(프롤레타리아)을 내세웠습니다. 여기서 '프롤레타리아'라는 말도 2020년대 사람들에겐 낯선 개념 또는 부담감마저 드는 개념이겠지만, 부르주아가 성 안에 사는 사람들이라는 뜻이듯이 프롤레타리아(proletariat)는 고대 로마 제국에서 '자식(prōles)을 낳는 것 외에는 나라에 봉사할 수 없는 가난한 사람들'을 지칭한 라틴어 'proletárĭus'에서 비롯했습니다. 자본주의 체제에선 자신의 노동력을 팔아 임금으로 생활하는 노동 계급을 뜻하지요. 생산 수단을 소유하지 않은 노동인들은 자신의 노동으로 살아가고 또 그렇게 살아갈 수밖에 없는데요. 아이를 낳아 노동할 사람을 제공함으로써 자본주의 체제에 '봉사'한다고 볼 수 있겠지요. 마르크스는 프롤레타리아가 부르주아와는 다른 의식을 가지게 되며 궁극적으로 모든 계급을 폐지하고 계급 없는 사회 건설에 나선다고 보았습니다.

실제로 마르크스 철학에 근거해 자본주의를 넘어서려는 '최초의 프롤레타리아 혁명'이 일어났는데요. 1917년 러시아 혁명입니다. 러시아를 중심으로 세운 소비에트사회주의공화국연방(소련)은 미국과 함께 제2차 세계 대전 이후 미소 양강 시대를 열었습니다. 동유럽과 동아시아의 중국에도 공산주의 혁명이 일어났습니다. 위기의식을 느낀 자본주의 국가들이 노동인들에게 양보하면서 민주주의는 한층 성장하게 됩니다.

제국주의에 맞선 투쟁으로 민주주의 확산

마르크스 철학과 러시아 혁명은 자본주의 국가들의 제국주의 침략으로 식민지가 된 민족에게 해방 운동의 희망을 심어 주었습니다. 1917년 러시아 혁명을 이끈 레닌(Lenin, 1870~1924)은 소련을 세운 뒤 지구촌 곳곳의 식민지 해방 운동을 적극 지원하고 나섰습니다. 러시아 제국에 사회주의 정부가 들어서자 과거와 정반대로 제국주의 아래서 억압당하고 있는 민족들의 해방 운동을 인적, 물적으로 지원하는 모습은 동아시아를 비롯한 여러 나라의 민중들에게 깊은 인상을 주었습니다.

레닌은 마르크스 사후 20세기로 이어지는 전환기의 세계 자본주의를 '제국주의'로 규정하고, 이를 '이행기의 자본주의' 혹은 좀 더 정확하게 말해서 '사멸해 가는 자본주의'라고 규정했습니다. 이어 세계를 자신의 식민지로 분할한 제국주의는 자국의 노동인들을 '매수'하여 기회주의를 육성하고 강화함으로써 전체 노동 계급 운동을 분열시킨다고 분석했습니다. 혁명 운동에 소극적인 사람들을 '기회주의자'로 비판한 까닭입니다.

레닌은 제국주의 단계에 이르러 각국의 개별 경제가 제국주의라는 '사슬'로 묶이게 되었다고 논증함으로써 그 사슬을 유럽의 선발 자본주의 국가에서가 아니라 가장 약한 고리에서 끊을 수 있다는 논리를 전개했습니다.

20세기 초 러시아의 현실은 객관적으로 사회주의 혁명의 전제 조건을 충족시키지 못했습니다. 지리적 위치가 말해 주듯이 산업이 발전한 서유럽과 적잖은 거리가 있었거든요. 하지만 대도시에는 자본주의가 퍼져 있었습니다. 마르크스는 유럽 혁명의 불길을 댕길 수 있는 불꽃을 러시아가 마련해 줄지 모른다는 생각을 생전에 밝힌 바 있습니다.

그럼에도 객관적 조건은 냉정하게 짚을 필요가 있습니다. 당시 러시아 경제에서 공업 비중은 대단히 미약했습니다. 페테르부르크(지금의 상트페테르부르크)와 모스크바 그리고 남부에 간간이 흩어져 있던 공장 지대들은 농업이라는 광활한 바다에 드문드문 떠 있는 섬들에 지나지 않았습니다. 도시 인구는 전체 인구의 겨우 15%였지요. 산업 활동 인구도 10% 미만이었습니다. 러시아는 서유럽에 원료와 농산물을 수출하고 공산품을 수입했습니다. 제조업은 주로 서부 러시아의 몇몇 도시를 중심으로 성장했습니다. 다만 '차르'라는 전제 군주를 정점으로 한 제국주의적 탐욕이 주변국 침략으로 나타나고 있었지요.

혁명으로 정권을 쥔 레닌은 이듬해(1918년) 3월 당 대회를 열고 러시아 혁명은 유럽 사회주의의 도움 없이는 승리할 수 없다고 확인하듯 선언했습니다. 러시아가 사회주의 혁명을 '시작'할 수는 있지만 단독으로 '완결'할 수는 없다고 주장했지요. 사회주의 혁명이 세계로 퍼져 가야 인류가 자본주의를 넘어설 수 있다고 본 겁니다. 레닌은 스위스 노동인들에게 쓴 편지에서도 '유럽과 미국의 사회주의적 프롤레타리아트가 가장 중요하고 가장 믿을 수 있고 가장 의지할 수 있는 협력자'라고 호소했습니다. 혁명 3주년 기념 연설에서도 사회주의 혁명은 단 한 나라에서 성취될 수 없다는 것을 거듭 강조했습니다.

레닌의 전망은 마르크스에 뿌리를 두고 있습니다. 사회주의 혁명이 과연 단 한 나라에서 가능할 것인가라는 문제를 스스로 제기한 마르크스는 '불가능하다'고 강조했습니다. 그 이유가 중요한데요. 어느 한 나라에서만 혁명이 일어나면 자본주의를 종식시킬 수 없다고 보았기 때문입니다. 한 나라에서 일어난 혁명이 즉시 유럽의 모든 지역으로 퍼질 때에만 사회주의는 실현될 수 있다고 강조했습니다.

마르크스의 생각은 레닌을 비롯한 러시아의 초기 마르크스주의자들에게 깊은 영향을 끼칠 수밖에 없었습니다. 다만 레닌은 '정통 혁명관'을 거듭 확인하면서도 러시아 현실에 비춰 해석했습니다.

소련공산당의 전신인 러시아사회민주노동당은 1898년 창립되었는데요. 1903년 2차 당 대회에서 투쟁 방법을 놓고 레닌 중심의 혁명적 의견과 마르토프(Martov, 1873~1923) 중심의 온건적 의견이 대립했습니다. 대회에서 레닌파가 다수였기에 이들을 러시아어로 볼셰비키, 마르토프파는 멘셰비키(소수파)로 불렀지요.

정통적인 마르크스주의를 자임한 멘셰비키는 러시아 혁명의 당면 과제를 '부르주아 민주주의 혁명'으로 규정했습니다. 자유주의적인 자본주의 체제가 사회주의 건설에 필요한 전제라고 생각한 그들은 부르주아 좌파와의 협조를 중시했기에 무장 혁명이나 프롤레타리아 독재에 반대했습니다. 결국 두 파는 1912년 당 대회에서 갈라졌지요. 볼셰비키는 의식 있는 소수 정예의 직업적 혁명가들을 중심으로 한 중앙 집권적 당 조직만이 혁명을 성공시킬 수 있다고 판단했으며 이를 '민주적 중앙 집중제'로 개념화했습니다.

레닌은 1917년 4월 「현재의 혁명에서 볼셰비키의 임무」를 집필하고 "오늘날 러시아는 혁명 1단계에서 2단계로 이행"하고 있다며 사회주의 혁명에 나서야 옳다고 주장했습니다. '4월 테제'로 불린 레닌의 노선은 그의 오랜 동지들인 볼셰비키들로부터도 공격받았습니다. 대표적으로 레프 카메네프는 서슴지 않고 레닌을 공산주의자 아닌 '공상주의자'라고 비판했습니다. 카메네프는 영국과 다른 선진국들에서 먼저 사회주의 혁명이 이루어진 뒤에야 비로소 러시아는 사회주의 사회를 건설할 수 있다고 주장했습니다.

레닌은 비록 러시아가 '농업 국가이며 유럽에서 가장 후진적인 나라'이지만, 사회주의 혁명을 수행하기 위해 요구되는 최소한의 기본적인 객관적 조건들을 갖추고 있고 동시에 혁명적 전위에 의해 지도되는 노동 계급의 주체적 조건들도 구비하고 있다고 강조했습니다. 따라서 전 세계적인 혁명의 새로운 시대를 열어 놓고 수수방관할 권리는 러시아 혁명가들에게 없다고 역설했습니다.

제국주의 분석을 통해 레닌은 자본주의 국가들의 불균등 발전이 심화되고 있으며 이에 따라 사회주의 혁명이 전 세계적으로가 아니라 한 국가에서 먼저 승리할 수 있다고 확신했습니다. 제국주의 사슬의 약한 고리를 끊어야 한다는 주장과 같은 맥락입니다.

실제로 레닌의 주도로 러시아 제국은 무너졌습니다. 레닌은 혁명의 성공 앞에서 들뜨지 않았고 러시아 혁명이 유럽 혁명으로 이어져야 한다고 판단했습니다. '신경제 정책'을 비롯해 만년의 레닌이 전개한 실천은 유럽 혁명이 지연될 가능성에 대비해 러시아의 여러 현실 조건을 고려한 구상이었습니다.

러시아 국내의 문화 혁명에 대한 레닌의 관심도 그의 사상적 고뇌를 반영하고 있습니다. 레닌은 문맹 상태의 농민들을 기반으로 한 러시아 혁명이 서유럽 프롤레타리아트의 지원 없이 사회주의를 성공적으로 이루어 나갈 수 있으리라고는 결코 생각하지 않았습니다. '충분히 개화되어 있지 못한 러시아에 사회주의를 이식시키기 위해 너무 서두르고 있다'고 비판하는 '적대자들'에게 레닌은 정치 사회적 혁명이 이루어진 다음 문화 혁명을 계속 전개하면 충분하다고 반박했습니다.

레닌의 혁명 사상과 실천을 짚어 보았듯이 러시아 10월 혁명은 초기부터 험난한 길을 예고하고 있었습니다. 혁명 뒤 전개된 현실은 레닌의 예상보다 더 냉혹했습니다. 제국주의자들이 군사적 개입에 나섰고 그 과정에서 사회주의를 개척해 갈 민중 역량이 약해졌습니다. 더구나 혁명을 이끄느라 과로한 레닌마저 50대 중반 나이에 때 이른 죽음을 맞았습니다.

레닌에 이어 최고 지도자에 오른 스탈린은 러시아 혁명의 역사적 한계나 특수성에 슬기롭게 대처하지 못했습니다. 그 결과 이른바 '스탈린 체제'라는 억압적이고 경직된 사회주의 체제가 형성되었지요.

러시아 혁명은 처음부터 역사적 한계가 뚜렷했고 레닌은 그 한계를 비교적 성숙한 러시아 노동 계급과 유럽 혁명의 지원으로 극복하려고 했습니다. 그러나 유럽의 혁명은 성공하지 못해 지원은 불가능했습니다. 그 못지않은 비극은 혁명 뒤의 내전 속에서 그나마 존재했던 러시아 노동 계급의 운명입니다.

혁명을 일궈 낸 러시아 노동 계급 가운데 가장 정치적으로 각성한 노동인들은 혁명을 압살하려는 제국주의자들의 침략은 물론 그들과 내통한 러시아 내부의 반혁명군과의 치열한 내전 과정에서 상당수 전사했습니다. 러시아 혁명에 전위로 나섰던 노동인들, 새로운 정치의 대들보, 사회주의의 튼튼한 기초를 물리적으로나 정치적으로 상실한 거죠. 결국 소련 현대사는 레닌의 구상과는 거리가 먼 방향으로 전개되었지요.

더구나 스탈린은 자신의 권력을 강화하는 과정에서 혁명 동지들을 서슴없이 처형합니다. 그 공포적 현실에서 공산당원들의 관료적 타락이 진행되어 레닌이 우려했던 '괴물'처럼 거대한 국가 기구가 자리 잡아 갔습니다.

스탈린이 체계화한 '일국 사회주의론'은 내전으로 피폐해진 상황에서 점차 안정 지향으로 변해 간 공산당 관료들의 '소망'을 반영함으로써 호응을 받았습니다. 스탈린은 "만약 맨 먼저 자기를 해방시킨 나라에서 사회주의의 종국적 승리가 여러 나라의 프롤레타리아들의 결합된 노력이 없이는 불가능하다는 가정이 옳다면, 맨 먼저 사회주의의 승리를 거둔 나라가 다른 나라들의 노동인들과 고생하는 대중들에게 보내는 지원이 효과적이면 효과적일수록 세계 혁명의 발전 또한 더욱 급속하고 더욱 철저하리라는 것도 똑같이 옳은 것"이라고 주장했습니다.

여기서 엿볼 수 있듯이 스탈린은 일국 사회주의론을 냉혹한 현실이라는 조건에서 극복해야 할 필요악으로 인식하지 않았습니다. 오히려 그것이 사회주의 건설의 올바른 방법이라고 확신마저 했던 것으로 보이지요. 국가 관료 기구의 팽창과 노동 계급의 물리적, 정치적 거세로 인해 레닌이 구상했던 소비에트 민주주의의 발전은 엄중한 난관에 처해졌으며 문화 혁명과 신경제 정책은 일국 사회주의론으로 흡수되었습니다.

레닌이 그의 '정치적 유서'에서 "동지들이 스탈린을 그 직위에서 해임하는 방법을 생각해 볼 것을 제안"한 것은 그의 사후에 있을 혁명의 왜곡을 예감하고 그것을 막기 위한 호소였습니다. 하지만 스탈린은 레닌의 유서를 가로챘고, 권력이 누구도 넘볼 수 없을 만큼 굳어진 뒤에 슬그머니 공개했습니다.

그로부터 30여년이 지나 소련공산당 서기장 흐루쇼프가 스탈린을 비판했지만 결국 실각했고, 다시 1980년대 중반에 소련을 이끌던 고르바초프가 비판에 나섰습니다. 스탈린 체제 아래 사회주의 사상은 점차 권위주의적, 명령적, 관료주의적 행정 체계의 모습으로 변했고 마르크스와 레닌의 사회주의관에서 핵심 개념인 '목적으로서의 인간관'을 상실하게 되었다고 주장했습니다. 이어 스탈린 이후의 소련 체제를 '사회주의 혁명에 심각한 손실을 가져온 시기'로 규정하고 새로운 길로 나아갈 것을 호소했습니다.

역사적으로 평가할 때 스탈린이 주도한 소련 체제가 모두 부정적이었던 것은 아닙니다. 1930년대의 인상적인 경제 성장, 제2차 세계 대전에서 독일과 일본의 '야수적인 파시즘'을 몰락시키고 세계 곳곳의 민족 해방 운동을 지원함으로써 민주주의 확산에 기여했거든요. 종전 뒤 자본주의 최강국 미국과 함께 세계적인 '초강대국'으로 자리매김한 사실들에 유의한다면 스탈린에 대한 일방적인 부정적 평가는 균형을 잃은 분석입니다.

스탈린 이후의 소련을 '사회주의 혁명에 심각한 손실을 가져온 시기'로 호기롭게 비판한 고르바초프 자신은 정작 소련의 붕괴를 불러왔습니다. 자본주의는 케인스 이론으로 '수정 자본주의' 길을 걸어왔지만, 공산주의는 수정 또는 개혁의 시간을 갖지 못하고 무너졌습니다.

지구촌 민주주의 위기의 비밀

시민 혁명으로 단두대에서 탄생한 민주주의가 노동 계급의 등장과 함께 사회주의 사상의 혁명적 실천을 거치면서 크게 성장했다는 명제는 역사적 사실에 근거합니다. 그 점에서 21세기에 살고 있는 우리 모두는 마르크스 철학에 빚지고 있다고 해도 지나친 말은 아닙니다. 그 말은 우리가 마르크스주의자가 되자는 뜻이 아니고, 마르크스를 '교조'로 받들자는 뜻은 더욱 아닙니다. 마르크스는 생전에 자신은 마르크스주의자가 아니라고 할 만큼 열려 있던 철학자였습니다. 다만 세계사에서 민주주의의 전개 과정을 있는 그대로 평가하자는 뜻 이상도 이하도 아닙니다.

민주주의 성장 단계의 주요 사상으로 마르크스 철학이 자리매김한다고 해서 그 사상만이 민주주의 성장을 이끌었다는 뜻도 아닙니다. 인간의 존엄성을 부각한 종교와 철학, 문학이 다채롭게 민주주의 성장에 기여했으니까요. 더구나 스탈린에 대한 일방적인 부정적 평가는 균형을 잃었다는 분석이 그 체제의 일당 독재 정당화를 의미하는 것도 아닙니다.

그럼에도 노동 계급이 자본주의 국가와 다른 국가를 처음 세움으로써 제국주의 아래 억압당하고 있던 노동 운동과 민족 해방 운동에 큰 힘을 주었다는 사실까지 부정할 이유는 없습니다. 자본주의 국가들이 앞을 다퉈 다른 민족과 나라를 침략해 식민지 경쟁을 벌이다가 1 · 2차 세계 대전의 참화를 불러왔기에 더 그렇습니다.

소련이 제국주의 국가들과 맞상대할 강대국으로 성장해 가자 세계 여러 나라의 자본가들은 경계하지 않을 수 없었습니다. 제국주의자들 스스로도 두 차례에 걸친 세계 대전의 살육과 파국을 겪으면서 식민지 쟁탈을 위한 전쟁에 문제의식이 커졌지요. 국가별 상황에 따라 수준은 다르지만 '자본주의 개혁'에 나선 이유입니다. 제국주의적 침략에 혈안이었던 서유럽 자본주의 국가들은 내부적으로 노동권과 사회 복지를 중시하며 과거와 사뭇 다른 모습으로 변화했습니다.

그런데 20세기 종반에 미국과 소련 사이에 힘의 균형이 갑작스레 깨졌습니다. 1989년에서 91년까지 소련과 동유럽에서 공산당 정권들이 무너지고 중국공산당은 자본주의 경제를 적극 도입했지요. 오늘날 러시아의 푸틴이 장기 집권하고 중국에서도 시진핑이 장기 집권에 들어서며 과거의 공산주의나 사회주의를 거론하는 것이 무슨 의미가 있을까 회의하기 십상입니다.

하지만 공산주의 운동에는 스탈린과 소련식 공산주의만 있지 않습니다. 스탈린이 살아 있을 때부터 그를 비판하고 반대하면서도 마르크스 철학의 문제의식을 망각하지 않은 노동 운동가들과 실천적 지식인들이 지구촌 민주주의 성장에 기여했습니다. 그들은 로자 룩셈부르크가 간결하게 제시했듯이 '사회주의 없이는 민주주의도 없고, 민주주의 없이는 사회주의도 없다'고 생각했습니다.

무엇보다 자본주의 사회가 존속하는 한 마르크스 철학의 문제의식은 유효합니다. 2008년 미국 월스트리트에서 시작해 지구촌을 강타한 세계적 금융 위기 이후 미국 대학가에서 학생들 사이에 마르크스 학습 열기가 높아진 현상이 대표적 사례입니다.

새겨볼 것은 자본주의를 넘어선 '인간적 사회'를 건설하는 데 전제 조건이 필요하다는 마르크스의 냉철한 현실 인식입니다. 마르크스는 두 가지 전제 조건이 실제로 주어질 때만 자본주의 사회를 넘어설 수 있다고 강조했는데요.

"첫째, 수많은 인간의 삶이 무산자 상태가 되어야 한다. 둘째, 그들이 현존하는 세계의 모순을 인식해야 한다."

여기서 '무산자'는 일체의 재산이 없다는 뜻이 아니라 생산 수단을 소유하지 못한 사람들이라는 뜻입니다. 생산 수단을 소유하지 못해 스스로 일하며 살아가는 사람들, 곧 노동인들이 사회 대다수를 구성하고, 그들이 사회의 모순을 인식해야 비로소 자본주의를 넘어설 수 있다는 분석이지요. 마르크스는 이어 두 가지 전제 조건에 다시 선행 조건이 있음을 강조했습니다. "생산력이 고도로 발전해야 한다"는 조건이 그것입니다. 마르크스는 생산력의 발전이 왜 두 전제 조건에 절대적으로 필요한 선행 조건인지도 밝혔습니다.

"첫째, 생산력의 발전 없이는 빈곤만이 보편화할 뿐이고 그에 따라 생필품을 둘러싼 투쟁이 다시 시작되지 않을 수 없어 모든 낡은 세계의 구차한 일들이 되풀이될 것이기 때문이다.

둘째, 생산력의 세계적 발전이 있어야 비로소 인간의 보편적 교류가 확립되어 프롤레타리아라는 현상을 모든 민족 속에 만들어 냄으로써, 각 민족은 다른 민족의 변화에 따라 함께 변화되어 마침내 지역적 개개 인간이 세계사적이며 보편적인 개인들로 변화할 수 있기 때문이다."

마르크스는 그 전제가 충족되지 않은 상황에서 혁명이 일어날 때 어떤 일이 벌어질지를 다시 두 가지로 간추려 경고했습니다.

"그런 전제가 없다면 첫째, 공산주의는 단지 지역 현상으로 존재하고 둘째, 교류 역시 보편적인 혁명으로 전개될 수 없어 '우물 안 개구리'를 벗어나지 못한다."

어떤가요. 소련과 동유럽 공산주의 국가의 몰락은 마르크스의 이론으로 얼마든지 설명이 가능합니다. 마르크스는 "반면 교류의 확장은 끊임없이 지역적 한계 속의 공산주의를 폐지하고 발전된 세계적 공산주의를 건설할 것이다. 경험을 통해 얻은 지식을 기초로 예견해 볼 때 공산주의는 오직 일거에 동시적 행동에 의해서만 실현 가능하며, 이는 생산력의 세계적이고 보편적인 발전과 세계적 교류를 전제로 하는 것"이라고 강조했습니다.

비단 소련-동유럽 공산주의 국가의 붕괴만이 아닙니다. 미국을 중심으로 한 자본주의 국가의 발달도 마르크스의 이론으로 설명이 가능합니다. 마르크스는 "어떠한 사회적 질서도 모든 생산력이 그 안에서 발전할 여지가 있는 한 붕괴되지 않으며, 더 높은 생산 관계는 물질적 조건들이 낡은 사회의 태내에서 성숙하기 이전에는 출현하지 않는다"고 단언했거든요. 자본주의의 생산력은 20세기 내내 놀라운 발전을 거듭했고 20세기 말에서 시작한 정보 기술 혁명은 21세기에 들어선 지금도 한창 진행 중입니다. 붕괴될 수가 없는 거죠.

그래서입니다. 마르크스 철학의 성과를 세계사의 넓고 긴 맥락, 곧 민주주의의 역사적 맥락에서 새롭게 평가해야 옳습니다. 우리가 눈여겨볼 지점은 마르크스의 혁명적 사상에 이어 러시아에서 일어난 혁명이 전 세계의 자본가들을 긴장시킨 사실입니다. 자신들이 억압해 온 노동인들이 실제로 혁명을 일으켜 국가를 운영할 수 있음이 현실로 입증됐으니까요. 마르크스 사상의 발전과 러시아 혁명의 성공을 전환점으로 세계 자본주의 체제가 새로운 국면으로 들어선 이유입니다. 자본주의가 발달한 선진국에서 그 모습은 크게 두 갈래로 나타났지요.

먼저 국내적으로는 노동 계급에게 '채찍'을 휘두르던 관행에서 벗어나 '당근'을 더 많이 주는 정책으로 나타났습니다. 그 구체적 표현이 앞서 살펴본 선거권 확대입니다. 또 다른 '당근'이 복지 국가입니다.

학문적으로 따지자면 복지 국가는 그 기원을 여러 갈래에서 찾을 수 있습니다. 하지만 실제 역사적 전개 과정에서 마르크스의 사상적 실천과 레닌의 혁명이 아니었다면 복지 국가는 현실화하기 어려웠습니다. 자본주의 사회에서 복지 국가의 구현 과정에서도 사회주의자들은 두 차원에서 기여했습니다.

첫째, 사회주의자들 스스로 노동인들의 복지 확대 투쟁에 앞장섰습니다. 둘째, 러시아 혁명이 입증해 준 사회주의 혁명의 구체적 실현 가능성은 자본주의 지배 세력으로 하여금 복지 국가를 지향하게 유도 또는 강제했습니다. 모든 것을 잃는 위험을 감수하기보다는 노동인들에게 '양보'하며 지배 체제를 유지하는 게 더 현명하다고 판단했기 때문입니다.

더구나 선거권이 확대되면서 민중의 복지 요구를 더는 묵살만 할 수 없었습니다. '요람에서 무덤까지'는 제2차 세계 대전이 끝난 뒤 영국노동당이 내세운 슬로건입니다. 태어나서 죽을 때까지 모든 국민의 최저 생활을 국가가 사회 보장 제도로 책임진다는 정책은 제2차 세계 대전을 거치며 급속도로 퍼져 가던 사회주의 혁명의 물결을 차단하는 방어벽이었습니다.

대공황과 두 차례의 세계 대전을 거치면서, 게다가 실존 사회주의 국가들의 확산 앞에서, 대다수 선진 국가들은 '요람에서 무덤까지'를 약속하지 않을 수 없었습니다. 복지 국가의 발전도 사회주의 혁명과의 관계에서 분석해야 옳은 이유입니다.

이탈리아 철학자 그람시(1891~1937)는 "지배 계급이 지배의 위기에 대응하여 피지배 계급으로부터 통치에 대한 동의를 재획득하기 위해 자기 변혁을 추구하는 행위"를 '수동 혁명'으로 개념화했습니다. 지배 세력이 아래로부터 올라오는 정치적 요구의 일부분을 선택적으로 받아들임으로써 지배 체제를 유지하는 현상인데요.

그런데 수동 혁명을 꼭 지배 세력의 양보만으로 인식할 필요는 없습니다. 선택적으로 받아들이는 한계가 있지만 그럼에도 '자기 변혁'이 나타나기 때문입니다. 실제로 마르크스주의자들이 수동 혁명으로 개념화한 그 현상으로 민주주의는 크게 성장했습니다. 다시 강조하지만 자본주의 국가 내부적으로 복지 국가, 외부적으로는 식민지 해방이 그것이지요.

그와 정반대로 1989년과 1991년 사이에 소련과 동유럽 공산주의 체제가 몰락하면서 민주주의 역사는 새로운 국면을 맞았습니다. 모든 것을 시장, 더 정확히 말해 자본에 맡기자는 신자유주의자들의 주장이 세계적으로 세력을 형성하게 된 데는 자본의 논리가 관철된 결과기도 하지만 공산주의 국가들의 경제적 어려움과 붕괴가 큰 몫을 했습니다. 자본주의에 다른 대안이 없다는 신자유주의자들 주장이 힘을 얻은 거죠. 하지만 신자유주의는 프란치스코 교황도 지적했듯이 민주주의와 정반대인 '새로운 독재', 곧 자본 독재입니다.

여기서 우리는 21세기가 직면한 민주주의 위기가 어디에서 비롯되었는가를 새삼 확인할 수 있습니다. 민주주의 위기는 1991년 소련이 동유럽의 공산주의 체제와 함께 무너지고 신자유주의적 세계화가 퍼져 가면서 시작됐거든요.

자본주의가 자신을 위협할 철학이 사라졌다고 판단하면서 자본의 무한 증식 논리가 '신자유주의'라는 한층 세련된 이데올로기로 지구촌을 엄습해 모든 나라의 민중을 압도한 거죠. 민주주의 위기의 진실이 바로 여기에 있습니다. 위기의 비밀은 바로 성장의 진실과 이어져 있습니다.

흔히 위기는 곧 기회라고 합니다. 그런데 영어인 'crisis'와 달리 동아시아의 '위기(危機)'라는 말은 '위험(危)'과 '기회(機)'를 모두 담고 있습니다. 민주주의가 위험에 처한 배경을 정확히 인식할 때, 우리는 그 위험에서 벗어날 기회를 찾을 수 있습니다.

1991년 소련이 붕괴하면서 자본주의 체제의 대다수 민중들은 자본의 논리가 지배하는 세상에 대안이 없다고 생각했습니다. 자본이 소유한 신문과 방송 그리고 자본이 건네는 두둑한 연구비를 챙기는 교수들이 소련식 공산주의 아니면 미국식 자본주의라는 이분법을 퍼트렸습니다. 자본주의 체제에 더는 대안이 없다는 신자유주의자들의 적극적 공세에 대다수가 소극적으로 반응해 갔고, 그것이 신자유주의가 전성기를 맞는 기반이 되었습니다.

신자유주의는 단순한 경제 현상이 아닙니다. 정치, 사회, 문화 전반에 걸쳐 시장의 논리를 확대하면서 기후 위기를 불러오고 생태계를 원천적으로 파괴하고 있습니다. 인류가 돌이킬 수 없는 환경 파괴로 '생존 위기'에 이르렀다는 분석까지 나와 있지요. 민주주의 위기는 곧 인류의 위기와 맞닿아 있습니다.

정치
산책

‘선한 정치가’는 없다?

“선한 정치가란 정직한 도적만큼이나 불가능하다.” 현대 자유 민주주의를 상징하는 미국에서 정치인들을 겨냥해 작가 헨리 루이스 멘켄이 작심하고 내놓은 혹평입니다. 프란치스코 교황도 ‘정치 지도자들의 도둑질’을 경고했거니와 실제로 ‘선진국’에서 정치인에 대한 불신이 갈수록 높아지고 있습니다. 그만큼 지구촌 민주주의 위기가 깊어지는 거죠.

거짓말 선동이 특기인 트럼프는 과학적 사실까지 부정하며 거짓으로 덮어씌우기를 서슴지 않았어요. “지구 온난화 개념은 중국이 중국을 위해 만들었다”고 주장하며 그 이유는 “미국의 경쟁력을 떨어트리기 위해서였다”고 공언했습니다. 물론 아무런 근거도 내놓을 수 없었는데요. 거짓말이기 때문이죠. 중국으로선 얼마나 황당한 일인가요. 더구나 미국과 중국 사이에 심화된 갈등은 지구촌의 평화를 위협할 수 있기에 더 심각합니다. 기후 온난화 심화는 더 말할 나위 없겠지요. 2020년 11월 대선에서 패배했음에도 “내가 이겼어요. 왜냐하면 내가 이겼으니까요!”라는 억지를 부려도 이에 호응하는 미국인들이 절반에 가깝다는 사실은 미국 민주주의 수준을 입증해 줍니다.

기실 미국만이 아닙니다. 영국의 유권자들은 수년마다 한 번씩 찾아오는 총선을 "독재자를 뽑는 행사"라고 공공연히 언론에 이야기합니다. 정치에 아무런 기대도 하지 않는다는 뜻이지요.

트럼프 못지않게 정치에 대한 환멸을 불러온 사례는 이탈리아의 실비오 베를루스코니(1936~2023)입니다. 부동산 개발 사업으로 재산을 축적한 그는 방송사, 백화점, 축구단을 인수하면서 150여 개의 기업을 거느린 재벌이 되었습니다. 그가 소유한 미디어를 통해 자신에 우호적인 여론을 조성했지요. 그 결과로 1994년 보수 정당을 창당해 총리가 되었고, 2001~06년, 2008~11년에 두 차례 더 재임했지만 내내 탈세와 성추문 따위로 구설수에 오르며 사임과 취임을 되풀이했습니다. 미성년자와 성매매를 한 사실은 물론 그것을 은폐하는 데 권력을 남용한 혐의로 법정 출두 명령을 받았고, 용케 피해 갔지만 결국 탈세 혐의로 징역 4년을 선고받았습니다. 76세의 나이를 이유로 교도소 복역을 면하고 구금 상태에서 사회봉사 활동으로 대신했지요.

민주주의 위기를 상징하는 트럼프와 베를루스코니 둘 다 부동산 개발로 재벌 수준의 재산을 축적한 자본가입니다. 성매매 추문도 똑같습니다. 자신을 비판하는 언론을 '가짜 뉴스'로 몰아치는 수법도 비슷해 난형난제이지요. '망언 제조기'로 불린 베를루스코니는 2017년에 트럼프와 자신이 비교된다는 질문을 받고 "트럼프의 부인 멜라니아를 좋아한다. 그녀의 아름다움과 스타일, 그리고 매력 때문"이라고 엉뚱한 말을 내놓았습니다. 2023년 6월에 그가 죽자 방송에 나온 시민은 그를 '위대한 민주주의자'로 칭송했습니다. 트럼프 지지자들과 같은 모습이지요. 두 정치인을 '위대한 민주주의자'로 추앙하는 주권자의 모습은 민주주의란 과연 무엇인지 깊이 성찰케 합니다.

DEMO
CRACY

2부

성숙한 민주주의로 가는 길

민주주의 특강 제6강

민주주의 모범국의 허실

쓰레기 더미에서 활짝 핀 장미

민주주의는 사람과 사람들이 서로 소통하며 애면글면 일궈 온 삶의 바람직한 방식입니다. 사람들이 없으면 민주주의도 나타날 수 없다는 매우 당연한 사실을 새삼 새기는 까닭은 민주주의를 살아 있는 유기체로 보자는 제안을 하고 싶어서입니다.

지구촌에 민주주의가 태어난 출생의 비밀은 물론 성장과 위기의 비밀까지 들여다보았는데요. 민주주의 위기를 넘어서는 방안도 그 비밀에서 찾을 수 있습니다. 다만 위기를 벗어나 성숙한 민주주의를 구현하기 위해 우리가 무엇을 해야 할 것인가를 막연한 상상이 아니라 구체적 현실을 놓고 논의해 봅시다.

현재 지구촌의 200여 나라(유엔 회원국 193개, 국제 올림픽위원회 가입국 206개) 가운데 어느 나라가 민주주의 모범 국가일까요?

현대 민주주의 연구에 국제적 권위를 지닌 스웨덴의 '민주주의 다양성 연구소'는 2019년 펴낸 보고서 「세계적 도전에 직면한 민주주의」에서 '30-50 클럽' 선진 7개국 가운데 한국을 가장 민주적인 국가로 평가했습니다. 30-50 클럽은 인구 5000만 이상, 1인당 국민소득 3만 달러 이상의 나라로 지구촌에 단 일곱 나라뿐입니다. 한국 다음으로 영국, 이탈리아, 독일 순이었고, 프랑스와 미국, 일본은 2등급 민주주의 국가로 분류됐습니다. 평가 시점에서 프랑스는 극우주의자 마린 르펜의 세력이 커졌고, 미국은 트럼프가 수없이 거짓말을 늘어놓았고, 일본은 아베 신조 전 총리가 장기 집권하며 자위대를 강화해 가고 있었습니다.

스웨덴만이 아닙니다. 독일에서 가장 권위 있는 시사 평론지인 주간 〈디 차이트 Die Zeit〉가 2016년 12월에 한국이 "성숙한 민주주의"를 이뤘다고 보도했습니다. 신문은 민주주의가 아시아에 맞지 않는다는 '아시아적 가치' 논쟁은 끝났다고 단언했지요. 비슷한 시기에 권위지인 일간 〈프랑크푸르터 알게마이네 차이퉁 FAZ〉도 한국을 "머지않은 과거에 독재를 경험한" 나라였지만, 지금은 "오히려 민주주의 역사가 긴 유럽과 미국이 배워야 할 것"이라고 극찬했습니다. 2020년 4월에는 독일 일간지 〈타게스차이퉁 Tegeszeitung〉이

'한국 총선은 미국을 위한 모범 사례' 제목의 기사에서 "미국의 절망적인 바이러스 위기 관리 상황을 보면 한국과 같이 시민들의 안전을 지키면서 문제없이 선거를 치른다는 것은 상상하기 어려워 보인다"고 보도했습니다. 주간 〈슈피겔 Der Spiegel〉도 코로나19 시대를 다룬 커버 스토리 기사에서 한국을 '모범 국가'로 평했지요. 2022년 5월에는 '민주주의와 문화재단(Democracy & Culture Foundation)'을 이끌고 있는 아킬레스 살타스 회장이 인터뷰에서 "한국이 역경을 딛고 걸어온 길은 민주주의 국가의 모범"이라며 "서구는 한국에 대해 경외심을 갖고 있다"고 말했습니다.

한국은 세계 최고 수준의 민주주의를 구가한다는 보도, 유럽과 미국이 한국 민주주의를 배워야 한다는 칼럼들은 말 그대로 '상전벽해'랄 수 있는데요. 1950년대에 영국의 권위지인 〈더 타임스 The Times〉가 한국 민주주의를 "쓰레기 더미의 장미"로 비유한 것은 잘 알려진 사실입니다. 위키 사전들을 비롯해 인터넷에 원문까지 엉터리로 올려놓고 있어 정확히 짚자면, 〈더 타임스〉의 도쿄 특파원이던 찰스 하그로브(Charles Hargrove, 1922~2014)의 기사 '한국에서의 전쟁과 평화'(1951년 10월 1일자)에 나옵니다. 한국 전쟁이 일어나자 종군 기자로 취재 온 하그로브는 "폐허가 된 한국(ruins of korea)에서 건강한 민주주의가 나타나는 것(a healthy democracy rising out)보다는 쓰레기 더미(garbage heap)에서 장미가 자라는 것(roses growing)을 기대하는 것이 더 이성적일 것"이라고 보도했습니다. '거창 민간인 학살'

사건을 보며 한국 민주주의를 개탄하는 한편 전쟁의 참상이 그만큼 심하다는 뜻도 담았지요.

전쟁이 끝난 뒤에도 도쿄 특파원으로 일하던 하그로브는 1960년 4월 혁명의 도화선이 된 대구의 2·28 민주 운동을 국제 사회에 처음 알렸습니다. 3월 15일 〈더 타임스〉 9면에 "남한 야당은 최악의 선거 결과를 염려한다"는 제목의 기사를 썼는데요. 대구의 경북고를 찾아 취재한 뒤 "일제 강점기 때부터 이미 저항의 중심지였으며 야당의 중심지인 이 도시"는 평온해 보이는 표면 아래 "강렬한 열정, 격한 감정이 흐르고 있다"고 보도했습니다. 그는 1956년 치른 대통령 선거에서 진보당 조봉암 후보가 자유당 이승만 후보에게 크나큰 패배를 안긴 곳이 대구라며 득표에서 세 배 가까운 차이가 났다고 서술했습니다. 이어 "지난달에는 1만 2000여 명의 학생이 시위에 참가"했고 "비슷한 시위가 서울과 부산에서도 일어났다"고 쓴 뒤 이는 "청년 세대가 정치적 부정을 용인하지 않는다는 것을 보여준다"고 해석했지요. 이어 여기서도 '민주주의 모범국'이라는 말이 등장하는데요. 하그로브는 "학생 중 한 명은 특파원에게 대한민국이 장차 '모범적인 민주 국가(a model democracy)'가 될 것이라고 열정적으로 말했다"고 기사화했습니다. 한국 민주주의를 쓰레기 더미의 장미로 비유한 기자가 4월 혁명 직전에 '민주주의의 희망'을 가장 먼저 세계에 소개한 셈이지요.

하지만 이듬해 군부 쿠데타가 일어나면서 외국 언론들은 다시 쓰레기 더미의 장미를 들먹였습니다. 1961년 쿠데타를 주도한 육군 소장 박정희는 두 차례 대통령을 연임한 뒤 69년에 '3선 개헌'을 했고, 그도 모자라 72년에는 간선제를 도입해 종신 집권이 가능한 유신 체제를 선포했습니다.

박정희는 독재를 비판하며 민주화 운동에 나선 이들에게 사형까지 서슴지 않았습니다. 1975년 4월 9일에 중앙정보부가 조작한 '인민 혁명당 재건위' 관련자 여덟 명을 전격 처형했습니다. 대법원 판결이 확정된 뒤 18시간 만이었지요. 사형당한 여덟 명 모두 4월 혁명을 거치면서 민주화 운동에 나선 지식인들이었습니다. 대법원에서 상고가 기각되자마자 곧장 형을 집행하리라고는 누구도 예상하지 못했지요. 명백한 '사법 살인'으로 박정희의 지시가 없었다면 일어날 수 없는 일입니다. 스위스 제네바에 본부를 둔 국제법학자협회(ICJ)는 여덟 명이 처형된 그 날을 '사법 사상 암흑의 날'로 규정했습니다. 국제적으로 한국의 민주주의는 '쓰레기 더미의 장미' 수준을 벗어나지 못한 거죠.

그럼 어떻게 독일의 보수적 권위지까지 "민주주의 역사가 긴 유럽과 미국이 배워야 할" 나라로 보도하게 되었을까요. 독일 언론들이 그렇게 판단한 근거를 짚어 보죠. 〈디 차이트〉가 한국을 '성숙한 민주주의'와 '민주주의 모범'으로 극찬한 이유는 2016년 늦가을부터 타오른 촛불 시위와 대통령 탄핵에 감동해서입니다. 신문은 내내 평화롭게 전개된 촛불 시위가 "최고 권력의 부정과 무능을 어떻게 하면 평화적이고 규율을 지키면서 바로잡을 수 있는지 보여 주는 귀중한 본보기가 되고 있다"며 "평화롭고 질서 정연하면서도 강력한" 한국의 "성숙한 민주주의"가 "용기와 열정으로 민주주의를 지켜 내는 방법"을 세상에 알려 주었다고 격찬했습니다. 칼럼을 쓴 국제부장 마티아스 나스는 "나는 기억한다"며 1980년대 몽둥이와 최루 가스로 뒤덮인 서울 시청 앞 시위를 촛불 집회와 비교했는데요. "유럽과 미국인들은 오직 서울의 용감한 그리고 열정적인 민주주의자들을 배워야 할 것"이라고 강조했습니다. 한국의 광장과 거리는 의견을 나누고 표현하는 "직접 민주주의의 아고라"가 되었다고 평했지요. 〈프랑크푸르터 알게마이네 차이퉁〉도 한국의 시위 문화를 "촛불과 노래, 공연이 하나로 어우러진 빛의 축제"라고 기사화했습니다. 공영 방송인 도이체벨레는 '2016년에 일어난 좋은 일들' 세계 10대 뉴스 중 두 번째 뉴스로 한국의 촛불 시위를 선정했습니다.

2017년에는 독일 프리드리히 에버트 재단이 한국에 인권상을 시상했는데요. 시상식에 참여한 독일의 '저항과 운동 연구소' 부대표는 지구촌에서 일어나는 다양한 혁명과 파업, 집회의 사례들을 연구하고 있지만 '한국의 촛불 혁명 사례는 전 세계적으로 거의 유일한 사건'이라고 높이 평가했습니다.

"이렇게 성공적인 혁명의 사례를 찾아보기 힘들다. 아랍의 봄처럼 다른 나라에서도 집회와 다양한 혁명의 시도들을 있었지만 결론적으로 실패했다. 인도, 캄보디아, 터키, 러시아 등등 많은 국가에서 현재 민주주의는 퇴행하고 있고 사람들은 시위를 할 용기를 잃어 가고 있다. 이런 상황에서 한국의 촛불 집회는 큰 의미를 갖는다."

촛불 혁명으로 한국의 민주주의는 일약 '민주주의 모범국', '성숙한 민주주의'로 지구촌의 찬사를 받았습니다. 실제로 촛불 혁명은 우리가 자부할 만한 역사적 사건임이 틀림없는 거죠.

15세기 선진국 지위 21세기에 회복

한국이 성숙한 민주주의를 보여 주었다는 지구촌의 시각은 당시 미국 민주주의와 사뭇 대조가 되어 더 눈길을 끌었습니다. 대내외적으로 '자유 민주주의 모범 국가' 또는 '문명의 지도자' 같은 이미지를 내세운 미국에서 누구도 예상치 못한 '선거 불복'이 일어났거든요. 더구나 헌법을 수호해야 할 대통령이 그랬습니다. 2020년 대선에서 패배해 퇴임해야 마땅한 현직 대통령 트럼프는 선거 결과를 받아들일 수 없다고 공공연히 주장하고, 그의 지지자들은 의회에 난입했습니다. 그 과정에서 사상자까지 발생했지요.

결국 트럼프는 대선 불복과 선거 진행을 방해한 혐의에 더해 2016년 대선에서 자신과 성관계를 맺은 포르노 배우의 입막음을 위해 금품을 제공한 혐의가 더해져 2023년 기소되기에 이르렀습니다.

더 놀라운 사실은 그럼에도 트럼프에 대한 미국 유권자들의 지지율이 여전히 높다는 사실입니다.

'브라질의 트럼프'로 불리며 집권했던 보우소나루도 2022년 대선에서 룰라에게 패배했지만 승복하지 않더군요. 룰라가 대통령에 취임하고 일주일 만에 지지자들이 폭동을 일으켰습니다. 2023년 1월 8일 수도 브라질리아에 있는 의회와 대통령궁을 습격했지요. 영국 BBC가 보도했듯이 트럼프 지지자들이 의회를 습격한 사건과 비슷합니다, 룰라 대통령은 폭도들을 "파시스트, 광신자"로 규정하고 모든 법을 동원해 처벌하겠다고 공언했습니다. 한국의 2022년 대선은 그와 달랐습니다. 미국이나 브라질보다 훨씬 적은 표차가 났지요. 당선자 윤석열과 패배한 이재명의 표차는 0.73%의 살얼음 차이였습니다. 하지만 선거에 불복하는 미국과 브라질의 행태는 전혀 나타나지 않았습니다.

미국을 대표하는 언론이자 세계적으로 권위 있는 〈뉴욕 타임스〉가 한국을 민주주의의 모델로 짚은 이유입니다. 이 신문의 칼럼니스트 니콜라스 크리스토프는 1990년대 한국은 "미숙한 민주주의 국가(an immature democracy)"였지만 전직 대통령들에 대한 기소와 처벌을 통해 더 튼튼해졌다고 분석했지요(How a president's arrest can strengthen a democracy, Fri., March 31, 2023). 이어 한국은 "법치와 치유 둘 다를 촉진하는 모델(a model for promoting both the rule of law and healing)"이라고 부각했습니다. 전직 대통령들에게 가혹한 형벌로 법치를 세우면서도 그들을 모두 사면해 1년에서 4년 안에 풀어 줬다는 거죠.

국제 정치 경제 분석 기관인 '이코노미스트 인텔리전스 유닛(EIU)'이 발표한 「민주주의 지수(Democracy Index 2020)」 보고서를 보더라도 한국은 순위가 오르락내리락하지만 '결함 있는 민주 국가(flawed democracy)'에서 '완전한 민주 국가(full democracy)' 대열에 들어갔습니다. EIU지수는 선거 과정과 다원주의, 정부 기능, 정치 참여, 정치 문화, 국민 자유의 5개 영역을 평가해 민주주의 발전 수준 지수를 산출합니다. 2021년 7월에는 유엔무역개발회의(UNCTAD) 이사회에서 195개 회원국의 만장일치로 한국의 지위가 기존 '개발 도상국 그룹'에서 '선진국 그룹'으로 변경됐지요. 1964년 유엔무역개발회의 창설 이래 개도국에서 선진국으로 지위가 변경된 나라는 대한민국이 처음이고 유일합니다. 방탄소년단과 〈오징어 게임〉으로 대표되는 K-팝과 K-드라마는 전 세계 차트를 수차례 석권했습니다. 아카데미상을 비롯해 국제 영화제를 휩쓴 〈기생충〉은 한국 영화의 수준을 세계에 알렸지요. 대한민국은 지구촌에서 상당한 위상을 갖춘 나라가 되었습니다.

그런데 유의할 지점이 있습니다. 20세기의 개발 도상국들 가운데 가장 성공적으로 민주화를 이루어 낸 것으로 평가되지만 한국이 선진국이 된 것은 역사적으로 최초는 아닙니다.

물론 한국 민주주의는 유럽에서 전개된 시민 혁명과 민주주의 발전이라는 '고전적 길'을 걷지 않았습니다. 자주적으로 근대 민주주의 사회를 열어 갈 시점에 외세가 깊숙이 개입했기 때문입니다. 그렇다고 해서 한국의 전근대 사회가 유럽에 견주어 미개 사회였다는 의미는 전혀 아닙니다. 한국의 민중이 유럽의 민중에 비해 열등하다는 말은 더욱 아닙니다. 동남아시아나 아프리카, 라틴 아메리카 민중보다 우월하다는 뜻은 더더욱 아닙니다.

다만 있는 그대로의 사실을 직시하자는 말입니다. 토지와 신분제를 밑절미로 한 중세의 질서를 기준으로 본다면, 15세기 조선 왕국은 세계적으로 가장 선진적인 체제를 이루고 있었습니다. 조선 왕조의 건국 초기였던 1400년대 조선의 정치 · 사회 · 문화 체계는 당시 세계에서 가장 앞서 있었습니다. 국수주의적 주장이 아닙니다. 미국의 대표적 한국학자 커밍스(Bruce Cumings, 시카고대 사학과 석좌 교수)는 1960년대 후반에 '평화 봉사단'으로 한국에 머문 것을 계기로 한국 근현대사와 동아시아 역사를 연구해 왔는데요. 그는 조선의 15세기에 대해서 "하나의 국가로서, 하나의 문화로서, 한국은 신대륙을 아직 발견하지 못한 유럽보다 훨씬 앞서 있었다"고 분석했습니다.

실제로 15세기 세계사를 보면 조선만 한 나라를 찾기 힘듭니다. 유럽은 아직 국가의 틀을 온전히 갖추지 못한 채 조각조각 갈라져 있었거든요. '미국'이라는 나라는 아직 상상도 할 수 없었던 시기입니다. 반면에 조선 왕국은 국왕을 정점으로 맨 아래까지 물샐틈없이 강력한 중앙 집권 국가를 형성하고 있었습니다. 사상도 마찬가지이지요. 흔히 주자학을 체제 이데올로기로만 평가하지만 퇴계 이황과 율곡 이이는 그 시대 동아시아의 철학인 성리학을 통해 달관의 경지까지 이른 철학자였습니다. 세계적 수준의 철학자인 셈이지요.

유럽은 물론, 중국이나 일본에도 15세기 조선만큼 완벽한 중앙집권 체계는 없었습니다. 우리가 잘 알고 있듯이 이 시대는 세종(1397~1450, 재위 1418~50)이 통치하던 시대입니다. 한글이 세상에 나온 바로 그 시대였지요.

그렇다면 15세기 선진국 지위를 21세기에 회복한 셈인데요. 그 과정에서 민주주의가 어떻게 실현되어 왔는가를 간략히 들여다볼까요.

민주주의 뒤늦은 출발과 보편적 위기

15세기 이후 유럽과 동아시아는 확연하게 다른 길을 걷게 됩니다. 조선 왕국이 선진국으로 자리 잡은 1400년대는 전 세계적으로 왕정 체제가 보편적이었지요. 왕의 자리를 특정 집안이 세습하며 귀족과 함께 정치를 독점하고 경제적 특권을 누리는 사회였습니다. 우리가 살고 있는 근대 사회와 구분해 왕들의 시대를 '전근대 사회'라 부르거나 지주(영주) 계급 사회, 또는 중세 사회라고도 하지요. 어떤 이름으로 불러도 좋습니다. 그 사회와 근대 사회에는 확연한 차이가 있습니다. 어떤 걸까요?

민중의 삶에서 가장 결정적 차이는 엄격한 신분제입니다. 근대 사회에 살고 있는 우리에게 적어도 법적인 신분의 차이는 없잖습니까.

물론 그렇다고 21세기에 살고 있는 우리가 온존한 평등을 누리고 있다고 말할 생각은 전혀 없습니다. 정치권력이나 자본의 힘에 삶이 눌리고 있는 사람들이 엄존하고 있으니까요. 그럼에도 형식적이나마 법 앞에 우리 모두는 '평등'하지요. 최소한 법적인 신분 제도는 없다는 뜻입니다. 왕국은 확실히 달랐습니다. 왕과 귀족이 정치적 독점과 경제적 특권을 위해 신분 제도를 형성했고 그 유지를 위해 폭력을 일삼았지요.

법적인 신분 제도 앞에 '최소한'을 붙였지만, 그 의미는 과소평가할 수 없습니다, 많은 사람은 은연중에 자신이 옛날에 태어났으면 양반집 도령이나 규수였으리라고 생각합니다. 조금 심한 사람은 자기가 왕자거나 공주였으리라고 생각하는데요. 미안하지만 그것은 '동화의 나라'입니다. 진실은 전혀 다릅니다. 지금 한국 사회 구성원의 절반 이상은 양반이 아니었습니다. 양반이 아닌 상민, 특히 천민의 삶을 자신의 그것으로 상상해 보기 바랍니다. 양반집에 머슴으로 태어나 평생 학대받으며 살아가야 했던 운명을 어떻게 받아들이겠어요.

실제로 한국사에서 숱한 민중이 신분제에 도전했습니다. 조선 왕조 이전에 고려 왕조의 만적이 상징적 존재입니다. 만적은 1198년에 "왕후장상이 어디 씨가 따로 있는가?"라고 물으며 신분 해방 운동을 펼쳤지요.

바로 그렇기에 지배 세력은 신분 제도를 합리화하는 이데올로기를 끊임없이 주입했습니다. 고려 시대에는 불교가 전생의 인과응보설로 그런 구실을 했습니다. 조선 시대에는 유교가 상하 관계를 언제나 강조했지요. 신분제가 엄격했던 과거에 비추어 보면 우리는 모두 상대적으로 행복한 시대에 태어난 셈입니다. 비합리적인 신분 제도는 조선은 물론, 동양·서양 두루 마찬가지였지요.

조선이 비록 선진국이었다고 하지만 어디까지나 중세적 기준에서 그렇다는 뜻입니다. 왕족 아래에 사농공상의 엄격한 신분 제도가 뿌리내리고 있었습니다. 그 아래는 천민입니다. '사농공상(士農工商)'이란 말이 단적으로 드러내 주듯이 선비(士)라는 특권 계급 아래 상민(常民)이 있고, 농업을 중시하며 상업과 공업을 천시했습니다. 돈을 버는 거상이 나타나더라도 그는 가능한 한 아들에게 자신의 '사업'을 물려주지 않으려고 했지요. 자신이 축적한 돈으로 자본가의 길을 추구하는 것이 아니라 '양반 편입'을 갈망했습니다. 상인이나 공인이 세력화할 수 없을 만큼 강력한 중앙 집권 체제가 정치, 경제, 문화로 완비되어 있었지요. 아래로부터 저항이 커져 갔지만 어쨌든 조선 왕국은 19세기가 저물 때까지 신분 체계를 상대적으로 견고하게 유지하고 있었습니다.

유학자로서 정치를 독점한 지배 세력이 중세로서는 '모범적인 농업 관료제'로 나라를 관리해 갔지만, 사농공상이라는 유교식 서열제가 모든 종류의 제조업과 상업을 억압했습니다. 특히 조선은 동아시아 국가들 가운데서도 상업적 성격이 가장 적은 나라였고, 상인은 천민과 다름없는 대우를 받았습니다. 피지배 계급을 각자 태어난 농촌에 묶어 두는 것이 그들을 지배하는 데 유리했고 편했기 때문입니다.

유럽에서 시민 사회가 탄생하게 된 배경을 조선과 비교하면 상대적 후진성에서 찾을 수 있습니다. 15세기까지도 유럽은 조선이나 중국과 비교해 강력한 중앙 집권 체제를 이루지 못했거든요. 그 상대적 후진성의 틈새 때문에 정치적 의사 표현이 상대적으로 자유로울 수 있었던 거죠.

의도했던 결과는 아니지만 유럽은 정치적 통제의 그물망이 촘촘하지 못해 상공인들이 세력화해 갈 수 있었고, 자본주의 경제가 뿌리내릴 수 있었습니다. 자유로운 유통과 소통은 자유주의와 개인주의 사상만이 아니라 민주주의 사상을 싹트게 했지요.

바로 그 지점에서 유럽과 다른 길을 걸어온 한국 민주주의의 특수성을 찾을 수 있습니다. 15세기까지 선진 정치 체제였던 조선 왕조는 일찌감치 정치적 공론의 중요성을 강조했습니다. 가령 조선 건국 원년의 『태조실록』에서 공론을 '천하 국가의 원기(元氣)'로 중시했듯이 공론의 이념은 언로(言路) 사상이나 간쟁(諫諍)의 정신과 더불어 조선 왕조의 통치 체제를 출발부터 밑받침한 이데올로기였지요.

하지만 자급자족의 농업을 중심에 두고 공업과 상업을 천시했기 때문에 그 시기 '공론'의 한계는 뚜렷했습니다. 조선의 양반 계급이 백성을 위한다며 내세운 '민본 정치' 또한 신분 제도의 틀에 갇혀 있었지요. "공론이 조정에 있어야 나라가 다스려진다"는 이율곡의 말에서 드러나듯이, 그들이 내세운 공론은 뭇 백성이 접근할 수 없는 곳에 머물렀습니다. 게다가 그 조정 또한 사림 사회에 근거를 둔 여러 당파의 당리당략에서 자유롭지 못했고요.

하지만 조선 왕국이 정체되어 있던 것은 전혀 아닙니다. 임진왜란과 병자호란을 거치면서 17세기부터 전환점을 맞습니다. 전쟁을 치르는 과정에서 왕과 양반 계급이 외세에 무기력한 사실이 드러남에 따라 그들이 누려 오던 권위가 단숨에 무너졌지요. 한편으로는 농업 생산력이 발전하면서 신분제 질서가 근본적으로 흔들리기 시작했습니다. 부가 축적되면서 상업과 수공업도 조금씩 활성화하기 시작했습니다.

중세 지배 체제의 핵심인 신분제는, 이미 17세기에 명문가의 허균(1569~1618)이 쓴 한글 소설 『홍길동전』이 웅변해 주듯이 지배 세력 일각으로부터도 정면으로 공격받기 시작했습니다. 『홍길동전』은 국왕의 명령보다 우위에 있는 주인공의 절대적인 능력을 묘사함으로써 중세의 한계를 넘나들었지요. 더구나 소설 속 주인공은 차

별받던 서자였습니다.

구전 설화를 밑절미로 18세기에 판소리 소설로 나온 『춘향전』은 이몽룡의 시를 빌려 "금 술잔에 부은 향기로운 술은 천 백성의 피요, 옥쟁반의 좋은 안주는 만백성의 기름이다(金樽美酒千人血, 玉盤佳淆萬姓膏). 잔칫상의 촛농 떨어질 때 백성 눈물 떨어지고 노랫소리 높은 곳에 원망 소리 높다(燭淚落時民淚落 歌聲高處怨聲高)"라며 양반 계급의 통치를 신랄하게 비판해 민중의 사랑을 받았습니다.

민간인이 판매를 목적으로 간행한 출판물인 방각본(坊刻本)도 상품 화폐 경제의 발달과 함께 늘어났지요. 영조(1694~1776) 초기부터 방각본 출판이 활성화하면서 양반 신분의 선비는 물론, 사대부의 규수 · 중인 · 서출 · 서리 들이 독자층으로 떠올랐습니다. 19세기에 이르면 사대부 가문의 부녀자뿐 아니라 평민들로 독자층이 넓어졌습니다. 풍자와 해학을 통해 사회 현실을 비판하는 목소리가 강하게 들어 있는 작품이 당시 정치, 사회에 끼친 영향은 컸습니다. 중세에서 근대로의 이행기가 시작된 사회의 산물인 소설이 유럽만이 아니라 동아시아에서 창작되었고, 특히 조선에서 그 양상이 또렷했습니다.

신분제에 퍼져 가던 비판 의식은 19세기에 들어와서 한 차원 높은 운동으로 전개되었습니다. 조선 중세 사회의 정치 질서에 정면 도전하며 올라온 '민란'이 그것이지요. 역사학계에서 19세기를 '민란의 세기'라고 평할 만큼 민중 봉기가 줄기차게 일어났습니다. 중앙의 지배 세력은 사회 통제력을 잃어 가고 있었지요.

농업 생산력과 상업의 발달로 백성 가운데 일부는 적극적인 경제 활동을 통해 부를 축적했고, 이를 기반으로 개별적인 신분 상승을 이루기도 했습니다. 반면에 기존의 양반들 가운데 빈곤층으로 몰락하는 사람들이 생겨나면서 신분제의 내부 구조에 큰 변동이 나타났지요. 신분제에 바탕을 둔 중세 체제가 내부적으로 무너지고 있었음을 뜻합니다.

하지만 조선 왕국에서 자주적으로 근대 사회를 열어 가려는 아래로부터의 움직임은 위기의식을 느낀 지배 세력이 외세를 끌어들임으로써 짓밟히고 말았습니다. 서양의 자본주의 문명을 재빠르게 수입한 일본은 미국에서 수입한 기관총으로 동학 혁명군과 의병들을 수십만 명 학살했습니다.

제국주의로 치닫던 일본은 조선을 식민지로 삼기 위해 조선 왕조의 고위 관료들을 적극 포섭했습니다. 그들이 지주로서 지녀 온 특권과 기득권을 빼앗길까 불안해한다는 사실을 잘 알고 있었거든요. 일본 제국주의 세력과 손잡은 조선 왕족과 고위 양반 계급은 일제의 귀족에 편입되며 토지도 불렸습니다. 일제는 의병 전쟁에 나선 조선인들의 토지를 몰수해 자신들에게 빌붙은 친일파들에게 나눠 주었지요. 이를테면 대한제국의 총리대신이었던 이완용은 동학 혁명군이 서울에 들어오면 목숨도 토지도 모두 빼앗겼겠지만, 일제에 나라를 팔아넘긴 '공로'를 인정받아 일본 제국의 백작이 되었고 토지도 하사받아 재산이 크게 늘어났습니다. 조선 왕조의 왕족들도 일본 제국의 귀족으로 편입되었고요.

일제는 조선을 35년에 걸쳐 식민지로 지배하며 수탈했습니다. 하지만 조선의 민중들은 일본 제국에 맞서 1919년 3월 1일 일어난 독립 만세 운동을 토대로 대한민국 임시정부를 세웠습니다. 3·1운동을 우리가 3·1혁명으로 불러야 할 이유입니다. 우리 역사에서 처음으로 왕국이 아닌 민국, 곧 민주주의 나라를 선포했으니까요.

3·1혁명을 주도한 천도교는 다름 아닌 동학이 종교적 외피를 입은 단체입니다. 천도교 교주인 손병희는 동학 혁명을 이끈 전봉준과 의형제를 맺은 농민군 지도자였지요.

식민지로 전락한 조선 안에서는 물론 밖에서 독립운동이 활발하게 일어났습니다. 다만 임시정부가 연합군의 일원으로 인정받지 못했고, 결국 일제가 패망한 1945년 8월에 미군과 소련군이 38선을 경계로 들어왔습니다. 3년 뒤인 1948년 8월과 9월에 서울과 평양에서 대한민국과 조선민주주의인민공화국이 선포됩니다. 두 나라를 세운 뒤 5년 만에 끝내 한국 전쟁이 일어나고 앞서 소개했듯이 '쓰레기 더미에서 민주주의가 자라나기를 기대할 수 없다'는 영국 권위지의 조롱이 나오게 됩니다.

하지만 대한민국에선 이승만 독재에 맞선 학생들이 주도해 4월 혁명이 일어납니다. 이듬해인 1961년 쿠데타가 일어나고 군부 독재가 이어지지만 민주화 운동이 줄기차게 전개됐지요. 1969년 박정희의 대통령 3선 개헌을 저지하는 민주화 운동이 본격적으로 벌어집니다.

1980년 오월 민중 항쟁과 87년 6월 항쟁으로 한국 민주주의는 뿌리내리기 시작합니다. 〈뉴욕 타임스〉의 표현을 빌리면 전직 대통령들을 기소해서 감옥에 보내며 튼튼해진 한국 민주주의는 마침내 촛불 혁명으로 유럽과 미국 언론으로부터 '성숙한 민주주의'라는 찬사를 받게 됩니다.

민주주의를 뒤늦게 시작했음에도 국제적으로 높은 평가까지 받기에 이르렀지만, 한국 민주주의 또한 지구촌 민주주의의 보편적 위기에서 벗어나지 못하고 있습니다. 미국 자본주의가 주도하는 지구촌에서 자본의 논리가 그 어느 때보다 강력하고 그 힘에 한국 민주주의도 큰 영향을 받고 있거든요. 1997년에 국제통화기금(IMF)으로부터 구제 금융을 받으면서 더욱 그랬습니다. 한국 사회 구성원 대다수에게 '성숙한 민주주의 국가'라는 찬사가 낯설게 다가오는 까닭입니다.

더욱이 한국 민주주의가 촛불 혁명의 정신을 온전히 구현하지 못하면서 역사적 반동이 나타났습니다. 2022년 5월에 출범한 윤석열 정부는 촛불 혁명으로 들어섰던 전임 정부를 '반국가 세력' 심지어 '종북 좌파'로 몰아세우고 노동 운동을 탄압하며 정적 제거에 몰입했습니다. 민주주의 후퇴가 또렷해지면서 한국이 '성숙한 민주주의'를 이뤘다는 외부의 평가가 얼마나 섣부른 판단인가를 새삼 확인할 수 있었습니다.

다만 한국 민주주의가 세계 민주주의 수준과 적어도 엇비슷해졌다는 사실은 우리가 또렷이 인식할 필요가 있습니다. 민주주의가 세계적 위기를 맞으면서 '성숙한 민주주의'에 대한 요구 또한 지구촌에 보편적으로 퍼져 있습니다. 촛불 혁명으로 한국 민주주의가 그 요구를 충족시켜 주었다는 기대를 모았지만, 현실은 아니었습니다. 그렇다면 성숙한 민주주의란 무엇인가를, 민주주의 성숙 단계에 이르려면 무엇이 필요한가를 짚어 봅시다. 한국 민주주의에 주어진 과제도 그때 비로소 파악될 수 있겠지요.

정치
산책

세계적 찬사 받은 촛불 혁명 세대는 어디 있을까

한국 민주주의는 세대를 이어 힘차게 전개되어 왔습니다. 조선 왕조에 맞서 신분제 철폐를 요구한 동학 혁명에 나선 세대부터 끊임없이 민주주의를 일궈왔습니다. 외세의 개입으로 동학 혁명은 좌절되었지만 의병 투쟁으로 이어갔지요. 민주공화국을 천명한 3·1혁명에 나선 세대는 일본 제국주의와 맞서 줄기차게 싸웠습니다.

분단 이후 대한민국에서 민주주의의 기념탑은 이승만 독재 정권을 무너트린 1960년 4월 혁명입니다. 그 혁명을 주도한 당시 20대 초반에 속하던 젊은 세대를 '4·19세대'로 부릅니다. 1년 만에 군사 쿠데타를 맞았지만 4·19세대는 군부 독재에 맞선 민주화 투쟁의 상징적인 세대로 자리 잡았습니다. 정치·경제·사회만이 아니라 학계·언론계에서 큰 영향력을 끼쳤지요.

1980년 5월 민중 항쟁을 앞뒤로 군부 독재와 싸운 세대를 '민주화 운동 세대'로 포괄할 수 있습니다. 그런데 언론에서 그들을 일러 1990년대부터 '386세대'로 부르기 시작했습니다. 당시 등장한 386컴퓨터에서 따온 말인데요. '3'은 1990년대 당시 30대를, '8'은 80년대에 대학에 다닌 학번을, '6'은 60년대에 태어난 사람을 이릅니다. 1960년대에 태어나, 1980년대에 대학을 다니고, 1990년대에 30대였던 세대를 '386세대'라 부른 거죠.

하지만 이 규정은 '4·19세대'나 '민주화 운동 세대'라는 말과 달리 역사적 사건을 담고 있지 않습니다. 더 큰 문제는 군부 독재에 맞서 싸운 민주화운동의 주체는 대학생만이 아니라 청년운동, 노동운동, 농민운동, 빈민운동들이 있었는데 '386'이란 말은 대학 학번 중심입니다. 1970년대는 물론 80년대 초까지 대학 진학률이 높지 않았던 사실에 주목하면 더 적절하지 않습니다. '민주화 운동 세대'로 부르거나 세분해서 '5·18세대'와 '6월항쟁 세대'로 표현해야 더 적실하지 않을까요.

세계적 찬사를 받은 촛불 혁명에도 분명히 촛불을 들고 나선 젊은 세대가 있습니다. 그들의 평화적 촛불로 임기가 보장된 대통령을 끌어내렸는데도 그 세대를 부르는 이름이 도통 나타나지 않습니다. 이 책에서도 논의했듯이 'MZ세대'라는 낯선 말이 익숙하게 퍼져 있지요. 역사적 사건과 동떨어진 이름입니다.

특히 Z세대는 세월호 참사와 촛불 혁명 모두 가장 감수성 강할 때 겪었을 텐데요. 언론은 물론 학계에서도 Z세대를 '외모 지상주의'나 '소비 지상주의'를 추구하는 세대로 묘사하고 있습니다. 더구나 '플렉스'에 익숙한 Z세대는 명품 소비로 자신을 과시하고 있다는 대학교수의 연구 논문도 나오고 있습니다. 물론 명품을 즐기는 젊은이도 있겠지요. 하지만 4·19세대의 모두가 혁명에 나서지 않았듯이 촛불을 들지 않았어도 그 역사적 사건을 체험했다면 'Z세대'처럼 생뚱한 이름이 아닌 말로 스스로를 호명해야 옳지 않을까요. 민주주의 모범국으로 세계적 찬사를 받은 촛불 혁명에 나선 세대는 어디 있을까를 묻는 까닭입니다.

민 주 주 의
특 —— 강
제
7
강

주권과 민주주의 시대 구분

민주주의 발전 4단계와 그 이후

무릇 역사에서 시대 구분은 과거를 의미 있게 인식하려는 뜻보다 현재의 의미를 정확히 파악하고 미래를 새롭게 열어 가기 위함입니다. 한국 민주주의가 지구촌 민주주의의 보편적 위기와 맞닿아 있음을 짚은 데 이어 민주주의의 세계사적 전개 과정을 단계별로 되새겨 보는 까닭입니다.

살아 있는 사람들의 정치 생명체로서 민주주의를 톺아보면 4단계로 시대 구분을 할 수 있습니다. 민주주의의 고갱이인 주권(主權, sovereignty)이 그 기준입니다. 주권은 '국가의 의사를 최종적으로 결정하는 권력'이지요. 그 권력이 누구에게 있느냐에 따라 민주주의의 세계사적 전개 과정은 태동 → 탄생 → 성장 → 위기 단계로 나눠집니다. 주권을 중심에 두고 단계별 특징을 정리해 볼까요.

제1단계 '태동 시대'는 인류 문명의 시작부터 17세기까지의 긴 시간대입니다. 어떤 생명체보다 정치적 생명체로서 민주주의의 태동기는 길었습니다. 그 기나긴 시대는 대부분 왕정이었고 그에 따라 주권을 왕이 독점하고 있었지요.

하지만 일찍이 2500여 년 전의 붓다와 2000여 년 전 예수의 가르침에서 우리는 인간이 모두 존엄하고 평등하다는 위대한 성찰을 확인할 수 있습니다. 동서양 문명의 뼈대를 이룬 그 사상으로 모든 사람이 자유롭게 행복한 삶을 누리는 공동체의 꿈이 긴 시간에 걸쳐 잉태됐습니다.

물론 왕을 정점으로 피라미드 구조를 형성한 지배 세력은 대다수 사람이 불평등을 자연적인 질서처럼 받아들이게 함으로써 신분제도를 이어 갔습니다. 제도화된 종교로서 불교와 기독교는 창시자인 붓다와 예수의 가르침과 달리 신분 제도의 불평등한 구조에 눈감거나 적극 가세했습니다. 동서양 두루 견고하게 이어 온 왕정과 신분 제도의 파열음은 서유럽에서 나왔습니다. 상공인들이 세력화하며 자본주의가 형성되던 시기에 마침내 민주주의가 탄생했습니다.

제2단계 '탄생 시대'는 1688년 영국 명예혁명에서 유럽 대륙의 왕정들을 뿌리째 흔든 1848년 혁명까지입니다. 160년에 이르는 이 시기에 주권의 향방은 세력을 키운 상공인들(부르주아지)이 좌우했습니다. 왕과 귀족들이 독과점하고 있던 정치에 상공인들이 자신들의 참여를 요구하며 시민 혁명을 일으켰거든요. 상공인들은 혁명을 주도하며 자신들이 고용하고 있던 노동인들을 거리로 내보내 앞세웠습니다.

마침내 왕정이 아닌 민주 정치가 출생했지만 아직 온전히 걷지도 못했지요. 영국에 이어 미국 독립 전쟁과 프랑스 혁명이 일어났으나 주권과 사회 구성원 절대다수 사이의 거리는 여전히 멀었습니다. 투표권을 재산이 일정 규모에 이른 남성에게만 준 사실만 두고 하는 말이 아닙니다. 유럽 여러 나라에서 왕정이 복구되고 다시 공화정을 세우는 과정이 반복되었기 때문만도 아닙니다. 상공인들이 소유한 자본의 무한 증식 논리가 나라 안에선 노동인들을 착취하고 나라 밖에선 제국주의로 나타났거든요. '어린 민주주의'는 학대와 폭력에 시달리며 커 갈 수밖에 없었습니다.

제3단계는 '성장 시대'입니다. 민주주의는 1848년 혁명으로 자신의 한계를 뚜렷이 드러냈습니다. 하지만 바로 같은 이유에서 그 한계를 넘어서려는 운동이 일어났고 그만큼 민주주의가 성장하기 시작합니다.

성장 시대는 1848년 혁명에서 1991년 소비에트사회주의공화국연방이 붕괴하는 시기까지 140여 년입니다. 이 시기에 주권의 향방은 노동인들의 힘이 커지면서 민중의 역량이 좌우했습니다. 노동인들이 상공인들의 탄압과 차별에 맞서 싸우기 시작하며 민주주의는 비로소 성장 시대에 들어설 수 있었지요. 자본의 지배에 맞서는 노동인들의 주권 의식이 크게 성장했고 바로 그만큼 민주주의도 성장해 갔습니다. 자본주의가 제국주의로 치달으면서 마르크스 철학과 그에 기반을 둔 혁명 운동도 거세게 일어났습니다.

무릇 모든 성장 과정이 그렇듯이 민주주의의 성장도 순탄하지 않았습니다. 두 차례의 세계 대전이 벌어지며 1억 명에 이르는 사람들이 목숨을 잃었습니다. 자본주의 국가들끼리 벌인 두 차례의 야만적 전쟁은 지구촌의 민중들에게 자본의 이윤 추구 논리가 어떤 참극을 불러오는지 깨닫게 했습니다. 그만큼 민주주의가 지구촌으로 퍼져 갔습니다.

정치학자 새뮤얼 헌팅턴은 세계적으로 민주화에 세 차례 물결이 있었다고 주장합니다. 제1의 민주화 물결은 서유럽에서 시작해 19세기 내내 이어졌고, 제2의 민주화 물결은 2차 세계 대전 이후입니다. 1974년 포르투갈을 시작으로 1990년까지 유럽과 아시아, 라틴 아메리카의 30여 개 국가가 민주 정치 체제로 이행한 시기를 제3의 민주화 물결이라고 규정했습니다. 헌팅턴의 물결론에는 그 물결을 일으킨 원동력이나 판단 기준이 명쾌하지 않습니다. 주권이 누구에게 있느냐를 기준으로 한 우리의 시대 구분과 비교하면 세 차례 물결은 모두 민주주의 성장 시대입니다. 헌팅턴이 주장한 제3의 물결 이후인 1990년대부터 민주주의는 위기를 맞았습니다.

제4단계인 '위기 시대'는 1991년 소련이 동유럽의 공산주의 체제와 함께 무너지고 신자유주의적 세계화가 퍼져 가면서 시작됐습니다. 자본의 힘이 강력해짐에 따라 주권은 상공인들, 곧 자본가들에게 기울었습니다.

자본가들은 자신의 특권을 위협할 사상이 실패를 자인하며 사라졌다고 판단하자 거침없이 행동했습니다. 두 차례의 세계 대전과 사회주의 혁명을 거치며 '자제'했던 자본의 무한 증식 논리가 '새로운 자유주의(신자유주의)'라는 한층 세련된 이데올로기로 지구촌에 퍼져 가며 모든 나라를 압도했습니다. 캐나다의 정치 경제학 교수 제임스 랙서는 미국의 민주주의가 1990년대부터 금권 정치로 변모했다고 분석합니다. 하버드대 정치 철학자 마이클 샌델도 1990년대 이래 민주주의가 퇴보했다면서 기업과 엘리트 지배층이 정치 후원금과 로비스트 집단을 동원해 자신들에게 유리한 규칙을 만들며 민중들은 빚더미에 허덕이게 방관한다고 비판합니다.

실제로 신자유주의 체제는 '노동의 유연화'라는 명분 아래 일자리의 안정을 뒤흔들었습니다. 자본은 빠르게 부를 늘렸지만 비정규직과 영세 자영업인들, 빈민들이 늘어났지요. 노동인을 포함한 민중들은 서로 분열된 채 자본에 휘둘리고 있습니다. 돈을 최고의 가치로 '숭배'하는 자본의 이데올로기가 민중 속에 깊숙이 침투해 더 그렇지요.

더러는 이데올로기 시대는 이미 지났다며 '이데올로기의 종언'을 기정사실화하지만 선진 자본주의 국가는 과거보다 한층 이데올로기적입니다. 생산 과정 자체에 이데올로기가 들어 있거든요. 전후 미국과 유럽의 자본주의 체제를 분석한 프랑크푸르트학파의 비판 이론은 신자유주의적 세계화가 두루 퍼진 21세기 지구촌의 삶을 이해하는 데 유용한 개념들을 물려주었습니다. 구체적으로 마르쿠제의 『일차원적 인간』을 들춰 볼까요.

"대량 수송과 대량 전달의 수단, 의식주 상품, 억제할 수 없이 쏟아져 나오는 오락 산업 및 정보 산업 등은 정해진 태도와 습관, 일정한 지적, 정서적인 반응을 수반한다. (…) 이러한 생산물이 더 많은 사회 계층에 걸쳐 더 많은 개인들에게 보급되는 데 따라서 그들이 추진하는 교화는 선전이기를 중단하고 하나의 생활 양식이 된다."

마르쿠제가 더 좋은 자동차와 아파트를 비롯해 상품 소비에 매몰된 현대인을 일차원적 인간(One-dimensional Man)으로 개념화한 까닭입니다.

호르크하이머는 『도구적 이성 비판』에서 이성이 "자연을 지배하는 도구가 되어 버린 이래로, 진리를 발견하려는 고유한 의도는 좌절되었다"며 "유용성 이외의 어떠한 객관적 원칙도 인정하지 않기 때문에, 도구적 이성은 억압적 현실과 그것을 뒷받침하는 이데올로기를 비판하지 않는다"고 지적했지요.

마르쿠제와 호르크하이머가 선진 자본주의 사회의 이데올로기를 분석한 비판 이론의 개념들이 신자유주의적 세계화 시대에 적실한 이유는 분명합니다. 비판 이론의 분석 대상이 주로 전후 자본주의 질서를 주도한 미국 사회였고, 그 미국식 생활 양식의 보편화가 바로 신자유주의 확산이거든요.

신자유주의적 세계 경제 질서 아래서 '일차원적 인간'과 '도구적 이성'은 미국을 넘어 지구촌의 모든 지역으로 번졌습니다. 그에 따라 지구촌 사람들에게 경쟁 이데올로기는 이미 삶의 과정에 깊숙이 스며들어 내면화되었습니다. '비합리적인 억압적 현실을 비판하기보다는 그 현실에 적응하는 데에만 관심을 갖는 도구적 이성'이 전 세계에 퍼져 있지요. 아도르노가 『계몽의 변증법』에서 "피지배자들이 지배자들로부터 부과된 도덕을 지배자들보다도 더 진지하게 받아들이는 것이 자연스러운 것처럼, 기만당한 대중은 성공한 사람들보다 더욱 성공의 신화에 사로잡힌다"고 비판한 현상은 그 어느 때보다 신자유주의 시대를 관통하고 있습니다.

기실 문제는 한층 심각합니다. 비판 이론의 사회 철학자들이 선진 자본주의 사회를 비판할 때보다 21세기 인류는 훨씬 더 큰 위기를 맞고 있거든요. '인류세' 위기를 낳은 자본의 논리를 그대로 둘 때 민주주의 위기는 곧바로 인류의 위기를 심화시킬 수밖에 없습니다. 민주주의 위기를 벗어나야 할 시대적 과제가 엄중한 까닭입니다.

우리가 민주주의를 보통 선거권과 대의 제도와 같은 절차적 측

면이나 권력이 행사하는 방식으로만 좁게 생각한다면, 국가 구성원 대다수가 민주주의를 탈역사적으로 이해하고 있다면, 그것은 신자유주의적 세계화 체제에서 특권과 기득권을 누리는 세력이 바라는 바일 것입니다. 절차 민주주의를 중시하는 정치학자들도 인정하듯이 자본주의는 경제적 불평등으로 민주주의 과정을 왜곡하고 있습니다.

민주주의 역사에 단계를 설정해 시대를 구분함으로써, 우리는 세계사를 더 넓은 지평에서 바라볼 수 있게 됩니다. 사회주의 사상과 그 실천 경험까지 민주주의의 틀로 담아내어 역사적 평가를 내릴 수 있으니까요. 무엇보다 민주주의가 태동 → 탄생 → 성장 → 위기로 전개되었다는 시대 구분을 통해 우리는 성장과 위기의 맥락을 온전히 짚음으로써 '위기' 다음 시대를 구상할 수 있습니다.

민주주의 성숙, 누가 이끌까

민주주의 탄생이나 성장이 각각 150년 안팎 걸렸듯이 오늘날 우리가 직면한 세계사적 위기 역시 금세 넘어설 수 없겠지요. 다만 우리가 지금의 위기를 '성장통'으로 이해할 수 있다면 다음 시대를 좀 더 빠르게 맞을 수는 있을 것입니다.

우리는 위기 다음의 제 5단계를 '성숙 시대'로 개념화할 수 있습니다. 각각의 시대로 넘어가는 단계에는 혁명이나 그와 버금가는 역사적 변동을 이끈 주체가 있었습니다. 그렇다면 성숙 시대의 주권자가 누구인가를, 누가 민주주의 성숙을 이끌 주체인가를 정확히 파악할 필요가 있습니다. 주권이 누구에게 있는지를 기준으로 민주주의가 전개되어 온 과정을 시대별로 나눠 보았기에 더 그렇습니다.

우리가 익히 들어온 민주주의에 대한 오랜 정의로 논의를 시작할까요. 에이브러햄 링컨은 남북 전쟁이 진행되던 1863년 11월에 격전지였던 게티즈버그에서 죽은 장병들을 위한 추도식에 현직 대통령으로 참석했습니다. 전몰한 병사들의 영혼을 위로하며 명연설을 남겼지요.

링컨은 짧은 연설의 들머리에서 미국 독립 선언의 정신을 부각했습니다. "지금으로부터 87년 전 우리의 선조들은 이 대륙에서 '자유 속에 잉태되고 모든 사람은 평등하게 창조되었다는 명제에 봉헌된 새로운 나라(a new nation, conceived in Liberty, and dedicated to the proposition that all men are created equal)'를 탄생시켰다"고 말했지요. 이어 내전에 휩싸여 남군과 북군 사이에 큰 싸움이 벌어졌다고 안타까워한 링컨은 남군과 북군의 전사자들을 굳이 가리지 않고 "그들이 마지막 신명을 다 바쳐 지키고자 한 대의"를 강조하며 "우리 앞에 남겨진 그 미완의 큰 과업(the unfinished work)"을 제시합니다. 그 과업이 바로 "the government of the people, by the people, for the people" 입니다.

한국 사회에선 링컨의 그 연설을 '국민의 국민에 의한 국민을 위한 정부'로 번역했고 그렇게 알고 있으면서도 아무 문제의식이 없는 사람들이 대다수입니다. 교육과 언론 탓이지요. 하지만 그 번역은 명백한 왜곡입니다. 링컨은 분명히 '국민(nation)'이라 하지 않고 'the people'이라고 말했거든요. '국민'이라는 번역어는 원어의 의미, 곧 링컨의 생각과 맞지 않습니다.

차분히 짚어 보죠. '국민'이라는 번역어는 말 그대로 국적을 지닌, 또는 국가에 귀속된 모든 사람을 뜻합니다. 피플(people)의 번역어로 적절하지 않지요. 국가가 세워지기 전에 이미 사람들이 살고 있었잖습니까. 사람들이 있고 국가가 나타났지 그 반대는 아니기에 '국민의 국민에 의한 국민을 위한'이라는 말은 적확하지 않습니다. 링컨의 말이 처음 한글로 옮겨졌을 때 그것을 '인민'으로 번역한 까닭입니다. 일본 제국주의 시기인데도 "인민의, 인민에 의한, 인민을 위한 정부"로 옮겼지요.

1948년 7월 제헌 국회에서 대한민국 헌법을 만들 때를 들춰 볼까요. "대한민국의 주권은 국민에게 있고, 모든 권력은 국민으로부터 나온다"로 제헌 헌법부터 지금까지 변함없이 이어지고 있지만, 여기에는 단순히 웃어넘길 수 없는 '정치학'이 숨어 있습니다. 법학자 유진오가 주도해 마련한 제헌 헌법의 초안은 '국민'이 아니라 '인민'이었거든요. "대한민국의 주권은 인민에게 있고, 모든 권력은 인민으로부터 나온다"였습니다. 그런데 제헌 국회 심의 과정에서 '인민'이라는 표현을 문제 삼는 국회의원들이 달려들었지요. "이북 공산주의자들이 즐겨 쓰는 '인민'이란 말을 왜 우리 헌법에 쓰느냐"고 아우성쳤습니다.

그런데 헌법을 기초한 유진오는 전혀 '좌파'가 아니었습니다. 이승만 정부에서 초대 법제처장을 지낼 만큼 보수적이지요. 일제 강점기에 친일 행적도 또렷했고요. 일제의 침략 전쟁을 '성전'으로 찬양하고 조선 청년들에게 학병에 나가라고 촉구도 했습니다. 그럼에도 "대한민국의 주권은 인민에게 있고, 모든 권력은 인민으로부터 나온다"로 초안을 마련해 국회에 제출한 이유는 그것이 법리적으로 누구도 부정할 수 없을 만큼 적실하기 때문입니다. 법리는 물론 논리적으로 보아도 국가 구성원들은 본디 인민이었다가 나중에 국민이 된 것이잖습니까. 거듭 강조하지만 국가가 인민을 만든 것이 아니라 인민이 국가를 만든 것이지요.

결국 색깔 공세가 거세지면서 대한민국 헌법 초안의 '인민'은 '국민'으로 바뀌었습니다. 두고두고 '학자적 양심'으로 꺼림칙했을까요, 유진오는 1980년에 출간한 『헌법 기초 회고록』에서 '인민'이 '국민'으로 바뀐 사실에 대해 다음과 같이 서술했습니다.

"'국민'은 국가의 구성원으로서의 인민을 의미하므로, 국가 우월의 냄새를 풍기어, 국가라 할지라도 함부로 침범할 수 없는 자유와 권리의 주체로서의 사람을 표현하기에는 반드시 적절하지 못하다. 결국 우리는 좋은 단어 하나를 공산주의자에게 빼앗긴 셈이다."

유진오의 증언처럼 공산주의자들이 쓴다고 해서 그 "좋은 단어"를 쓰지 않는다면 그 말을 빼앗기게 됩니다. 단순히 빼앗기는 것이 아니라 그 언어에 담긴 민주주의 철학마저 잃어버리고 말지요.

그런데 한국어가 풍부한지라 '인민' 외에도 영어 '피플(people)'에 조응하는 다른 말이 있습니다. 'people'은 라틴어의 'populus'라는 말에서 비롯했는데요. 역사적으로 의미가 변화되어 왔지만, '피지배자'라는 의미와 '국가와 사회의 주인'이라는 두 의미를 모두 지녀왔습니다. 본디 귀족에 대립되는 개념으로 사용되었던 말인데요. 인류의 역사를 톺아보면 고대부터 왕족과 귀족들의 지배 아래 억압받고 착취당하면서도 직접 생산에 나섬으로써 물질적으로도 정신적으로도 문화의 창조를 떠받쳐온 사람들을 발견할 수 있거든요. 바로 그들이 피플입니다.

피플은 시민 혁명을 거치면서 단순한 피지배자가 아니라 국가와 사회의 주인이라는 뜻으로 널리 쓰이기 시작했습니다. 영어의 그 말에 가장 적실한 우리말은 '민중'입니다. 물론 현재 영어권에서 통용되는 '피플'은 '사람들'로도 '민중'으로도 옮길 수 있습니다. 다만 'the people'처럼 'the'를 붙일 때는 민중의 의미를 분명히 담고 있습니다. 캠브리지 사전에서 'the people'은 '사회에서 권력을 갖지 못한 대다수의 평범한 남성과 여성들(the large number of ordinary men and women who do not have positions of power in society)'로 풀이되어 있습니다. 우리 국어사전의 "국가나 사회를 구성하는 일반 국민. 피지배 계급으로서의 일반 대중을 이른다"와 일치합니다. 여기서 우리는 링컨이 연설문에 'the people'이라고 반복해 쓴 이유를 새삼 파악할 수 있습니다.

더러는 그 말에 '저항적 이미지'가 너무 강하다거나 '한쪽에 서 있는 느낌'이 든다고 주장합니다. 하지만 그렇게 따지면 영어 '피플'도 마찬가지입니다. '피지배자'라는 뜻과 '국가와 사회의 주인'이라는 뜻이 모두 담겼지만 차차 후자 쪽 의미가 강해져 온 것이 영어권의 역사였습니다. 민중이라는 말에 저항적 이미지가 있다면, 오히려 더 좋은 거지요. 권력을 감시하며 부당한 지배에 저항하는 정신이 민주주의이니까요. 한쪽에 서 있다는 말도 배척할 사유가 아니잖습니까. 민주주의에서 권력이 정말 주권자들로부터 나오는가를 짚어 가야 옳으니까요.

저는 비단 강의실만이 아니라 어느 자리에서든 민주주의는 '모든 권력이 민중으로부터 나오는 정치' 또는 '민중의 자기 통치'로 조금도 망설임 없이 답합니다. 더러는 저에게 아직도 '민중'이라는 말을 쓰느냐고 꼬집더군요. 민중은 운동권 용어라나요. 대통령 직선제가 이뤄진 마당에 교수가 웬 민중 타령이냐는 뜻이지요.

어디 그뿐인가요. 법조인, 언론인, 대학교수들이 '민중 주권'에 대해 마치 '국민 주권'과 반대 개념이라도 되는 듯이 한목소리로 '색깔 공세'를 편 적이 있는데요. 그들의 민주주의 이해 수준이 더없이 천박함을 스스로 폭로한 언행에 지나지 않습니다. 그들에 따르면 미국에서 가장 존경받는 대통령으로 꼽히는 링컨도 '좌파'이고 '운동권'이 되겠지요. 그들이 늘 표준으로 삼은 미국의 헌법도 "We the People of the United States"로 시작합니다.

그럼에도 굳이 그들의 논리적 수준에 맞춰 설명해 보죠. 대통령도 국회의원도, 자본가들도 모두 국민의 한 사람으로 투표권을 지니고 있습니다. 그런데 헌법이 '모든 권력은 국민으로부터 나온다'고 선언할 때, 논리상 그 '국민'은 권력을 지닌 사람일 수 없잖습니까? '권력이 없는 사람들에게서 권력이 나온다'로 해석해야 옳으니까요. 한 국가의 모든 권력(정치권력과 경제 권력인 자본을 포함)은 '지금 권력을 쥐고 있는 사람이 아닌 국민', 곧 민중으로부터 나온다는 생각이 민주주의 국가의 헌법 정신입니다. 민중 주권과 국민 주권을 대립되는 개념으로 파악하는 사람들의 반민주적 주장이 언론을 통해 확대 재생산되는 현실은 한국 민주주의의 한계를 역설적으로 증언해 줍니다.

흥미롭게도 대한민국 정부 기관(국가법령정보센터)이 공식적으로 밝힌 헌법의 영문은 1조 2항에서 "The sovereignty of the Republic of Korea shall reside in the people, and all state authority shall emanate from the people"이라고 써 놓았습니다. 그 영문을 한글로 옮기면 당연히 "대한민국의 주권은 민중(the people)에게 있고, 모든 권력은 민중으로부터 나온다"입니다. 대한민국 정부가 밖에서는 주권이 "the people(민중)"에게 있다고 '과시'하면서, 정작 주권자들에겐

“국민”이라고 좁혀 놓은 셈입니다.

백번 양보해서 그래도 국민을 고집하는 사람들이 있다면, 그때 국민은 정치권력이나 경제 권력 따위를 거머쥔 국민이 아니라 ‘일반 국민’임을 그들 자신도 분명히 인식할 필요가 있습니다. 그렇지 않다면 ‘모든 권력은 국민으로부터 나온다’는 헌법 정신이자 민주주의 철학이 아무런 의미가 없을 테니까요.

주권자의 이름, 무엇이 적실할까

기실 민중이란 말은 한국 사회에서 자유롭고 자연스럽게 소통되던 말이었습니다. 다름 아닌 대한민국의 경찰이 내내 ‘민중의 지팡이’를 자임해 왔거든요. 과거만도 아닙니다. 이를테면 이 글을 쓰는 현재 대한민국에서 가장 보수적인 도시로 불리는 대구의 시장 홍준표 발언을 보도한 보수적 신문 기사를 볼까요. “홍준표 ‘경찰, 민중의 지팡이 아닌 몽둥이 될 수 있다’ 비판” 제목의 동아일보 기사(2023년 6월 24일)는 다음과 같이 시작합니다.

“홍준표 대구 시장이 23일 대구 시청 압수 수색을 한 대구 경찰청을 겨냥해 ‘민중의 지팡이가 수장을 잘못 만나면 민중의 몽둥이가 될 수 있다는 것을 경험했다’고 비판했다.”

앞뒤로 기사를 검색해도 줄 이어 나옵니다. “성매매에 불법 촬영까지 잇따라… '나사 풀린' 민중의 지팡이"(세계일보, 2023년 5월 18일), "민중의 지팡이 왜 이러나, 추행에 희롱까지… 5년간 경찰 100여 명 성범죄로 재판行"(파이낸셜뉴스, 2023년 5월 24일). 대구에서 발행되는 영남일보는 "흔히 경찰을 '민중의 지팡이'라고 한다. 지팡이는 몸이 불편한 사람들이 길을 걸어갈 때 넘어지거나 다치지 않고 편안하게 갈 수 있도록 도움을 주는 도구다. 경찰이 민중에게 그런 역할을 하고 있다는 것이다. 경찰 복무 규정에도 국민의 생명과 재산, 그리고 안전을 도모하는 것이 임무로 돼 있는 만큼 민중의 지팡이라는 말은 어느 정도 설득력이 있다"(2023년 5월 22일)라고 보도했습니다. 이들 기사에서 민중은 '저항적 이미지'가 너무 강하다거나 '한쪽에 서 있는 느낌'이 들지 않습니다.

하지만 그 '민중'을 언론에서 금기로 규정하는 사건이 실제 일어났습니다. 한국 민주주의가 전환점을 이룬 1987년 6월 항쟁 직후인데요. 군부 독재 정권을 몰아내고 대통령 직선제를 쟁취한 이후 동아일보에서 일어난 사건은 여러모로 상징적입니다. 인터넷이 아직 등장하지 않던 1980년대에 동아일보는 발행 부수와 영향력에서 내내 1위였고 '박종철 고문치사 보도'에서 확인할 수 있듯이 군부 독재와 맞서 대통령 직선제의 민주주의를 일궈 내는 데 큰 기여를 했습니다.

6월 항쟁에 이은 7·8월 노동 투쟁이 일어난 뒤 동아일보 기자들도 노동조합을 결성했습니다. 노동조합이 요구해서 노사 공동으로

'기자 윤리 강령'을 만들기 위해 강령 제정 위원회를 구성했지요. 노동조합이 추천한 강령 제정 위원 자격으로 기자 윤리 강령 초안을 기초하며 '민중의 생존권 보장'이란 표현을 썼을 때입니다. 편집국장을 역임하고 편집 담당 상무 이사로 재직하던 고위 간부가 경영진 대표로 나와 그 대목을 죽죽 그으며 "왜 굳이 민중이란 말을 쓰느냐?"고 힐난조로 말했습니다.

느닷없는 질문이 당혹스러웠지만 왜 굳이 민중이란 말을 쓰면 안 되는지 정중하게 되물었습니다. 잠시 안경 너머 아래위로 훑어보던 상무 이사는 아주 태연스럽게 "민중이란 말은 좌익 개념"이라고 말하더군요.

어이가 없었지요. 당시까지 한국을 대표하던 신문사에서 기자로 30여 년 활동하며 편집국장을 거친 언론인의 의식 구조가 '냉전 사고'에 사로잡혀 있을 만큼 한국 사회의 이념적 지형은 오래전부터 뒤틀려 있었습니다. 이미 대통령 직선제로 민주화가 되었는데 왜 자꾸 '민중'을 들먹이느냐는 논리였지요. 당시 동아일보 편집국 간부들은 대통령 직선제로 민주주의는 이미 실현됐다고 판단했습니다. 민주주의를 곧 '선거 민주주의'로 인식한 거죠.

비단 동아일보만의 문제가 아닙니다. 1980년대 말까지 한국 언론계에서 가장 영향력 있고 권위 있던 신문 지면에서 '민중'이 사라진 뒤 거의 모든 신문과 방송이 민중이란 말을 꺼려했습니다. '민중의 지팡이' 운운한 기사처럼 경찰 관련 기사이거나 특정인의 말을 인용할 때 간혹 쓸 따름입니다.

단순한 우연일까요. 1980년대까지 힘찬 움직임을 보이던 민중 문화는 1990년대 들어 뚜렷하게 퇴조했습니다. 죽은 것은 민중 문화만이 아닙니다. 1970년대 이후 한국 사회에서 깨어나던 민중 의식이 정체되었지요. 신문 지면과 방송 화면에서 '민중'이란 말의 죽음은 곧바로 그 말의 실체인 민중의 숱한 죽음으로 이어졌습니다. 자살률 1위, 산업 재해율 1위와 같은 통계들이 그것입니다.

민주주의의 주체인 주권자가 특정 국가의 틀에 갇힌 국민이 아니라 보편적인 '민중(the people)'에 있다는 사실은 가볍게 지나쳐서는 안 될 대단히 중요한 의미를 지니고 있습니다. 민중은 '국민'과 달리 자신들의 뜻에 따라 지금과는 다른 형태의 국가까지 꿈꿀 권리를 지니고 있습니다.

그럼에도 민중이란 말을 21세기인 오늘도 여전히 좌파적 개념으로 생각하거나, 딱히 왜 그런지 모르면서도 그 말을 쓰기 꺼려하거나, 마치 낡은 시대의 '운동권 언어' 따위로 여기는 사람들이 많은 사실은 고스란히 한국 민주주의의 수준을 짐작케 해 줍니다. 그것은 의도했든 아니든 민주주의를 아주 낮은 수준에서 인식하고 있다는 자기 폭로에 지나지 않거든요. 민중이라는 말이 공론장에서 사라지면서 민중 담론도 약화되고 민중의 주권자로서 정치의식도 더 성숙할 수 없었습니다.

물론 민중이 언제 어디서나 옳다는 주장은 민중에 대한 신화적 주장이겠지요. 기실 민중은 어리석기도 한 게 사실이기 때문입니다. 세계사의 지나온 길은 민중이 얼마나 어리보기였는지를 웅변해 줍니다. 민중은 역사적으로 노예와 농노로 기나긴 굴욕적 삶을 살아왔습니다. 지배 세력이 그들을 물리적으로는 물론 생각까지 이데올로기로 통제했기 때문이지요.

그래서 민중의 각성을 논의하는 담론과 실천에 '엘리트주의'라거나 '좌파 딱지'를 붙이는 행태는 온당하지 않습니다. 짐짓 자신들이야말로 민중을 진정으로 위하는 듯이 "국민을 바보로 여기지 말라"거나 "국민을 의식화의 대상으로 삼지 말라"고 부르대는 이들의 심보엔 어김없이 노림수가 똬리 틀고 있기 때문입니다. 그들은 국민을 바보로 보지 말라면서, 민중의 거듭나기에 몸 바치는 이들을 흠집 냅니다. 국민을 의식화 대상으로 삼지 말라고 부르대면서 민중의 정치의식 성숙을 위해 아무 일도 하지 않거나 오히려 방해하기 일쑤입니다.

더러는 피플을 꼭 '민중'으로 번역해야 하느냐고 반문할 수 있습니다. '서민'이란 말도 있고 '인민'이란 말을 되살리자는 주장도 나왔습니다. 하지만 서민(庶民)의 국어사전 풀이는 "아무 벼슬이나 신분적 특권을 갖지 못한 일반 사람"입니다. 신분제인 양반 계급 사회의 유물이지요. 물론 사전에는 "경제적으로 중류 이하의 넉넉지 못한 생활을 하는 사람"이라는 풀이도 있습니다. 하지만 피플은 "넉넉지 못한 생활을 하는 사람"들만 의미하지 않습니다.

'인민'을 되살리자는 주장은 학계에서 나오고 있습니다. 실제로 그렇게 쓰는 사람도 나타납니다. 하지만 '피플'을 '인민'으로 다시 옮기는 것은 적절하지 않아 보입니다. '인민'이라는 이름으로 집권한 공산주의 체제가 1989년에서 1991년 사이에 세계적으로 몰락했다는 사실을 겸허하게 받아들여야 옳지 않을까요.

실사구시의 자세는 다른 게 아닙니다. 실제 역사로부터 배워야 하고, 실천을 통해 진리를 검증해야 옳지요. 굳이 실패한 사상이 상징어처럼 즐겨 쓰던 '인민'이란 말을 사용할 아무런 이유가 없습니다. 그 사상이 '인민'의 이름으로 민중을 지배했기에 더욱 그렇지요. '인민'의 이름으로 집권한 나라에서 민중의 언론 자유는 보장되지 못했거든요.

주권자의 이름으로 인민보다 굳이 민중이 적실한 더 큰 이유는 '민중'에 담긴 한국 근현대사의 경험을 적극 담아내자는 뜻을 담고 있습니다. '민중'이란 말은 한국 근현대사의 기점으로 평가할 수 있는 1894년의 동학 혁명에서 이미 소통되었습니다. 3·1혁명의 조선 독립 선언문에서도 천명한 말이지요. 조선 독립 선언문은 첫 문장에서 "오등(吾等)은 자(玆)에 아(我) 조선의 독립국임과 조선인의 자주민임을 선언하노라. 차(此)로써 세계 만방에 고하야 인류 평등의 대의를 극명(克明)하며, 차로써 자손만대에 고하야 민족자존의 정권(政權)을 영유케 하노라"에 이어 "반만년 역사의 권위를 장(仗)하야 차를 선언함이며, 이천만 민중의 성충(誠忠)을 합하야 차를 포명(佈明)함"

이라고 밝힙니다. 세계에 조선이라는 나라의 독립을 우리 '이천만 민중'의 이름으로 선언한 거죠.

민중의 이름으로 '포명'된 독립 선언문은 1919년 4월 대한민국 임시정부 수립으로 결실을 맺었습니다. 임시정부는 조선이 더는 왕국이 아니라 민주공화국임을 선포했지요.

세계적으로 민주주의가 1991년 이후 위기 국면을 맞았듯이 한국도 그 흐름에서 벗어나지 못했습니다. '민중'이란 말을 언론에서 쓰지 말라는 금기가 다름 아닌 1991년에 한국의 대표적 언론사에서 공공연히 나타난 것은 단순한 우연이 아닙니다. 소련의 붕괴로 자본주의의 대안이 있을 수 없다는 인식이 퍼져 가며 '선거 민주주의자'들을 비롯해 자본주의 이데올로그들이 자신감을 얻었거든요.

21세기 들어 지구촌의 민주주의 위기가 점점 확산되면서 탈출구를 찾지 못하고 있을 때 한국에서 촛불 혁명이 일어났습니다. '민중'이란 이름이 언론을 통해 금기로 퍼진 한국에서 민중들 손에 여울여울 타오른 촛불은 세계사적 사건임에 틀림없습니다. 유럽과 미국 언론들이 한국 민주주의를 '성숙한 민주주의'로 바라본 까닭이지요.

정치
산책

민주공화국과 인민공화국 통일의 철학

민주공화국과 민주주의 인민공화국. 남과 북이 각각 헌법에 밝힌 국가 정체성입니다. 우리 민중은 고려 왕국에서 조선 왕국까지 천년에 걸쳐 분단되지 않은 나라에서 살아왔습니다. 비록 왕국이었지만, 백두산에서 한라산까지 국토는 하나였지요.

1919년 3월 1일 독립 선언에 이은 임시정부 수립으로 세계 무대에 처음 선보인 한국 민주주의는 인간의 존엄성과 평등을 주창한 동학 혁명을 출발점으로 했습니다. 한국에서 민주주의가 태어난 것은 세계사적으로 민주주의 성장 시대였지요. 세계에서 그 태동은 붓다와 예수까지 거슬러 올라가듯이 한국에선 멀리 단군 신화의 '홍익인간'에서 찾을 수 있습니다.

신분제 철폐를 이끈 동학 혁명에 이어 3·1혁명 이후 민주 국가를 세우려는 줄기찬 투쟁이 일어났습니다. 제국주의에 맞선 독립운동이 벌어졌고 그 일환으로 사회주의 혁명 운동이 일제의 패망 순간까지 일어났습니다.

해방을 맞는 순간 남과 북으로 국토가 두 동강 나리라고 독립운동가들은 물론 민중들도 상상조차 못했을 터입니다. 하지만 일본 제국을 패배시킨 미군과 소련군은 한반도에 들어와 자신들의 국가 이익을 추구했습니다. 따라서 당시 가장 중요한 시대적 과제는 일본 제국주의에 부닐던 반민족 세력 청산과 38선 철폐였습니다. 하지만 미국과 소련 사이에 갈등이 커져 가면서 두 나라의 정부와 친밀한 관계를 유지해 온 세력이 각각 남과 북에서 권력을 쥐게 됩니다. 그 결과입니다. 해방 3년 되는 그날, 1948년 8월 15일 서울에 대한민국 정부가, 9월 9일에는 평양에 조선민주주의인민공화국 정부가 들어섭니다. 미국과 소련의 영향력이 컸지만, 남과 북 모두 헌법과 국명에 '민주주의'와 '공화국'을 넣었습니다.

하지만 두 나라가 스스로 천명한 민주공화국과 민주주의 인민공화국에 얼마나 가까이 다가갔을까요. 3년 넘게 전면전까지 치른 두 나라 중에 역사적 정통성은 누구에게 있을까요. 진정한 민주공화국, 또는 참된 민주주의 인민공화국을 만드는 쪽이 역사적 정통성을 얻지 않을까요. 남과 북 가운데 '주권자인 민중 또는 인민으로부터 모든 권력이 나오는 나라'를 온전히 구현하는 쪽이 미래를 열어 갈 터입니다. 남과 북이 '민주주의 성숙 시대'에 들어서는 경쟁을 할 때, 비로소 통일이 다가올 수 있습니다. 민주주의 성숙의 철학이 바로 분단 시대에 마침표를 찍을 통일의 철학입니다.

민주주의
특——강
제
8
강

민주 정치의 철학

주권자, 입법자, 가치의 창안자

무릇 위기를 딛고 일어서려면 밑절미를 튼튼히 다져야 합니다. 일찍이 링컨이 말한 '민중의, 민중에 의한, 민중을 위한 정부'를 현대 정치학자들은 한마디로 '민중(the people) 스스로의 통치(self - government)'로 간추립니다. '민중의, 민중에 의한, 민중을 위한 정부'를 역설한 정치인이 다름 아닌 미국 대통령이었잖습니까. '민중 스스로의 통치'라는 기본 개념이나 '모든 권력은 민중으로부터 나온다'는 명제는 좌파나 우파의 관점을 넘어선 민주주의의 보편적 관점이자 기본 가치입니다.

우리가 단계로 나눠 살펴본 민주주의의 세계사적 전개 과정은 자본주의와 맞물려 전개되어 왔거니와 아직 미완임을 새삼 일러 줍니다. '민중 스스로의 통치'라는 민주주의의 고전적 정의에 비춰 보면, 시민 혁명으로 출발한 민주주의가 지구촌에서 걸어온 길은 '주권 재민에 이르는 기나긴 혁명'임을 새롭게 파악할 수 있습니다.

민주 정치의 간명한 개념을 인류는 지금까지 현실로 구현하지 못했을 뿐만 아니라, 자본주의에 더는 대안이 없다는 생각이 퍼지면서 보편적 위기를 맞았습니다. 20세기 공산주의 혁명 운동은 민주주의의 세계사적 성장에 기여했지만 일당 독재 또는 개인 우상화의 문제점을 해결하지 못하고 무너졌습니다. 민중의 폭넓은 동의 없이, 민중 스스로 통치에 나서는 실천 없이 혁명을 지속할 수 없고 민주주의도 성숙할 수 없다는 뼈저린 교훈을 남겼지요.

21세기로 들어선 지구촌은 인터넷으로 정보가 홍수처럼 쏟아지며 '4차 산업 혁명'이 시대를 이끄는 담론이 되었습니다. 그 거센 물살에 '민중 스스로의 통치'라는 민주주의 기본 개념도 시나브로 실종되는 실정입니다. 한국에서 일어난 촛불 혁명에 세계적 관심이 쏠린 이유가 여기에 있던 거죠.

그런데 '민중'이란 말에는 영어 '피플'에 담긴 의미에 더해 철학적 깊이가 담겨 있습니다. 그 말이 한국 근현대사의 기점으로 평가할 수 있는 1894년 동학 혁명과 1919년 3·1혁명 때 두루 소통된 말임을 살펴보았는데요. 일제 강점기 독립운동은 물론, 4월 혁명, 5월 항쟁, 6월 항쟁으로 이어지며 촛불 혁명을 낳기까지 한국인의 철학적, 종교적 사유가 녹아들었습니다. 사람을 하늘처럼 섬기라(事人如天, 사인여천)거나 사람을 곧 하늘(人乃天, 인내천)로 보라는 동학의 가르침은 오늘날의 민중 신학, 민중 불교, 민중 문학, 민중 언론학과 맥이 닿아 있습니다. 그 꾸준한 철학적, 종교적 시도들은 역사의 주체로서 민중의 잠재력을 결코 망각하지 않습니다.

동학이 던진 문제의식과 깊은 사유가 서양의 민주주의 사상과 만나 깊이 소통한다면 새로운 정치 철학을 내올 수 있습니다. 동학사상이 조선 왕국에서 민중의 호응을 받을 때 유럽에서 마르크스 철학이 출현하고 이후 민주주의 성장에 큰 기여를 했는데요. 마르크스 철학을 실현하겠다고 나선 사회주의 혁명들이 실패한 경험을 우리가 외면하지 않는다면, 민주주의 성숙을 이끌 주체에 대해 철학적 성찰이 필요합니다. 우리가 민중 개념에 한국 근현대사의 체험이 담긴 사실을 눈여겨보는 까닭도 거기에 있습니다.

민주주의를 성숙케 할 철학을 구상하려면 먼저 성장을 이끈 철학을 정확히 파악하고 그 한계를 인식해야 합니다. 그때 우리가 눈여겨볼 철학자가 프리드리히 니체(Nietzsche, 1844~1900)입니다. 흔히 마르크스와 니체는 정반대의 철학자로 이해하기 쉽습니다. 니체의 철학이 포스트모더니즘의 원천이기에 그렇지요.

그런데 두 철학자 사이에 공통점이 많습니다. 두 사상에서 발견할 수 있는 공통점은 우리가 근대 사회를 넘어선 탈근대의 새로운 사회, 21세기의 민주주의 성숙 시대를 열어 가는 데 중요한 디딤돌이 될 수 있습니다(더 깊은 철학적 논의는 『우주철학서설』을 참고하기 바랍니다).

마르크스의 근대 자본주의 사회 비판은 새삼 설명이 필요 없을 만큼 잘 알려져 있지만, 니체가 자본주의 사회를 비판한 사실은 모르는 이들이 많습니다. 물론 자본주의를 비판하는 관점이 마르크스와 사뭇 다릅니다. 자본의 무한 증식 논리가 지배하는 사회를 넘어 새로운 사회를 구상할 때 마르크스와 니체 사이에 사상적 소통이 필요한 이유이지요.

니체에게 자본주의 사회는 '정치 영역이 위축된 시대'입니다. 마르크스와 달리 니체의 개념은 다분히 문학적인데요. 니체는 정치 위축을 사회 구성원들의 '군주적 본능'이 해체된 것으로 표현합니다. 여기서 '군주적 본능'이란 표현에만 집착하면 자칫 그의 철학을 오해하기 쉽지요. 니체는 저서들 곳곳에서 '군주적 본능을 가지지 못할 때'와 '주권자, 입법자, 가치의 창안자이기를 그칠 때'를 동일한 뜻으로 서술합니다. 국가를 구성하고 있는 개개인이 스스로 주권자와 입법자, 가치 창안자로 살아가지 않고 있다는 지적은 니체가 살던 당대는 물론, 21세기인 오늘날에도 자본주의 시대의 핵심을 정확히 짚은 통찰이지요. 기실 자본주의 체제의 혁명적 대안임을 자임했고 자부한 소련 체제에서도 개인은 주권자로 살아가지 못했습니다.

니체가 "문화의 눈먼 두더지, 노예"들을 비판하면서 "국제적 화폐 은둔자들"을 거론할 때, 우리는 마르크스와의 접점으로 니체를 새롭게 파악할 수 있습니다. 니체는 마치 신자유주의 시대를 예견이라도 하듯이 '국제적 화폐 은둔자'들을 일러 정치를 증권 시장과 "자신들의 부를 늘리는 장치로 오용"하며 "현대 화폐 경제의 결과"로 자유주의적-낙관주의적 세계관이 보편적으로 확대되었다고 언급합니다.

물론 니체의 해법은 마르크스 철학과 다릅니다. 니체는 근대 자본주의 사회가 인간을 '표준화'한다는 점에 분노하거든요. 그와 대립시켜 제시하는 보기가 그리스 사회입니다 고대 그리스에서 사람들은 "누구나 다른 사람들과는 다른 자신의 특성을 부각시키고자 했고 독특한 행위와 업적을 통해 자신이 최고임을 보여" 주었다고 주장하죠. 그와 달리 근대 자본주의 사회는 인간의 독특한 개성이나 행위를 '일탈'로 규정함으로써 순응주의를 조장합니다. 순응주의 사회는 니체에게 '정치의 쇠퇴 형식'이자 더 나아가 '정치의 소멸'입니다.

니체는 근대의 정치를 '작은 정치' 또는 '정치를 상실한 정치'로 비판하며 마침내 그 시대가 끝나간다고 예견했습니다. 니체는 주권자와 입법자를 동일시하는데요. 주권자가 투표권만을 주권 행사로 여기는 현실에 대해 니체는 자신이 복종해야 할 법을 만드는 데 '한 표'를 행사할 수 있을 뿐인 '작은 정치'라며 날카롭게 고발했지요.

니체와 마르크스의 공통점은 자유주의를 반대하는 데서도 나타납니다. 흔히 니체를 철저한 개인주의자로 이해하지만 전혀 아닙니다. 니체는 개인을 사회와 절연된 개별적 존재로 인식하는 자유주의자들의 전제가 잘못임을 강조합니다. 철학자들이 종래 생각해 온 바의 개인, 곧 '단일인'이라는 것은 오류라고 단언한 니체는 "개인은 개별의 실체, 하나의 원자, 사슬 안의 고리, 그냥 과거로부터 내려온 존재가 아니며, 개인은 그에게까지 이르는, 그를 포함한 '사람'이라는 하나의 연속적 전체를 이룬다"고 강조합니다. 마르크스가 인간의 본질을 사회적 관계들의 결합체(앙상블)로 인식한 것과 같은 맥락이지요. 니체는 또 자유주의자들이 그들이 만든 법률 속에 담긴 폭력, 냉혹함과 이기주의를 인정하지 않는다고 날카롭게 비판했습니다.

최근에는 니체의 철학 또한 유물론이라는 분석이 나오고 있습니다. 정신이 몸이라는 '큰 이성'에 의해 창조되었다는 니체의 명제는 '철학의 근본 물음'이라는 틀에서 파악해 보면 여러 유물론 철학들 가운데 하나라는 것이지요. 니체의 유물론은 이원론적 대립을 가정하며 내세, 변하지 않는 본질, 불멸하는 영혼을 추구하는 기독교적 형이상학을 부정하고 지금 여기의 삶을 정당화하고자 하는 '실천적 유물론'의 범주에 들어갑니다.

그런데 니체는 사회주의자들이 인간의 자연적인 선한 본성을 믿고 있다며 이를 '형이상학적 태도'라고 비판합니다. "혁명이 성공하면 아름다운 인간성의 자랑스러운 신전이 솟을 것"이라는 사회주의

자들의 생각을 '위험스러운 꿈'으로 규정했지요. 니체는 이를 '선량한 원시인의 권리 찾기 운동'으로 꼬집고, 모든 형이상학적 운동이 그렇듯이 사회주의 운동도 종국에는 '기진맥진한 사회'로 이어질 수밖에 없다고 전망했습니다.

니체는 사회주의자들이 소유물의 분배를 중시함으로써 문화나 도덕이 갖고 있는 힘에 너무 무지하다고 진단했는데요. 레닌이 문화 혁명을 주창한 이유와 어금버금한 맥락입니다. 자유주의에 대한 반동으로 사회주의가 큰 권력을 갈망하면서 전제주의를 닮아 간다고 본 니체는 정치의 쇠퇴를 '예언'하며 개탄했습니다. "사회주의가 원하는 국가가 달성된다면 생성의 강한 에너지는 파괴될 것"이며 "그때 국가는 새로운 생성적 힘을 상실하고 허무주의적 형태를 띠게 될 것"이라고 내다봤지요. 우리가 소련 체제의 붕괴에서 목격했듯이 니체의 예리한 전망은 적중했지요.

여기서 마르크스와 니체 모두 자본의 논리에 휘둘리는 민주주의를 '인류'의 이름으로 비판했다는 사실에 주목할 필요가 있습니다. 자본주의 사회의 문제점을 각각 다른 시각에서 깊이 들여다본 두 철학자는 자본의 논리를 넘어서는, 근대의 '작은 정치'를 넘어서는 위대한 정치를 인류에게 제시한 거죠.

니체 철학은 마르크스가 자세히 들여다보지 못한 주체의 심층을 다룹니다. 하지만 니체는 마르크스가 자세히 들여다본 자본주의의 모순을 망각하고 있습니다. 개개인의 창조적 삶으로서 주권자적 입법의 과제를 니체는 주목했지만 마르크스는 간과했고, 개인의 자기실현 조건으로서 자본의 논리를 넘어서는 과제를 마르크스는 주목했지만 니체는 간과했습니다. 마르크스가 자본주의를 해부하고 비판한 목적도 인간 개개인의 전면적 발전에 있다는 점에 유의할 필요가 있지요.

인간의 유적 본질, '노동'으로 충분할까

인간성의 전면적 발전과 '민중 스스로의 통치'라는 민주주의의 철학은 깊숙한 곳에서 이어집니다. 민중 스스로의 통치는 마르크스에게는 노동 계급과 인류의 해방으로, 니체에게는 자기 입법의 '군주적 본능'으로 표현되고 있을 뿐 지향점은 같습니다.

근대 자본주의 사회를 서로 다른 지평에서 비판하는 니체와 마르크스의 철학에서 우리는 새로운 사회를 이루려면 새로운 인간이 전제되어야 하고, 새로운 인간은 새로운 사회가 전제되어야 한다는 명제를 도출할 수 있습니다.

새로운 사회의 전제로서 '새로운 인간'은 현재의 인간과 근본적으로 다른 어떤 존재를 상정하지 않습니다. 지금까지의 인간관과 다른 인간관을 이릅니다. 인간성을 새롭게 재구성하는 관점이지요. 그 점에서 인공 지능을 염두에 둔 '포스트휴먼(posthuman)' 담론과는 차이가 있습니다. 그렇다고 포스트휴먼 논의를 배척할 필요는 물론 없습니다.

새로운 인간관의 탐색은 인간의 유적 본질이 무엇인가에서 출발할 수 있습니다. 유적 본질은 인류라는 동물이 다른 동물과 달리 지닌 본성입니다. 민주주의 철학과 관련해 인간에 대한 가장 잘 알려진 정의는 앞서 논의한 아리스토텔레스의 명제, '정치적 동물'이지요. 아리스토텔레스는 인간이 공동체 속에서 살아가는 본성을 지녔기에 그 속에서 타인들과 어우러질 때 행복이 실현될 수 있다고 주장했습니다. 그 이후 서양 철학의 큰 흐름은 인간을 정치적 동물 또는 사회적 동물로 논의해 왔습니다. 마르크스가 유적 존재로서 인간을 노동으로 정의한 것도 그 연장선이지요. 여기서 '유적 존재(The species being)'란 '자연적 존재이자 사회적 존재로서의 인간의 보편적 존재 방식'을 뜻합니다.

그런데 과연 인간을 정치적 동물로 파악하고 그 유적 본질을 '노동'으로 이해하면 충분할까요? 물론 인간이 노동으로 자아실현을 한다는 철학적 의미는 결코 가볍게 볼 수 없습니다. 그 노동 개념은 민주주의 성장을 이끌었을 뿐만 아니라 위기를 넘어 성숙 시대에 들어설 때도 중요합니다. 다만 인간의 유적 본질이 오직 노동인지는 냉철히 짚을 필요가 있습니다.

19세기 동시대를 사유했던 니체가 비판했듯이 마르크스 철학은 인간 내면에 대한 성찰이 충분하지 않았습니다. 인간은 사회적 존재임에 틀림없지만, '사회적 존재가 의식을 결정한다'는 명제를 지나치게 중시함으로써 그만큼 인간 내면에 대한 성찰은 경시했거든요. 마르크스 사후에 그를 따르는 마르크스주의자들은 더욱 그랬습니다.

무릇 인간은 사회적 동물인 동시에 자신의 삶을 성찰하는 동물입니다. 생명체로서 자아의식을 지니고 자신이 '죽음에 이르는 존재'임을 직시하거든요. 파스칼이 '생각하는 갈대가 오히려 우주보다 위대하다'고 주장한 근거도 내면의 의식에 있습니다. 인간이 내면의 깊이를 더해 가는 방법이 바로 성찰입니다.

성찰(省察, rflection)의 사전적 의미는 "자기의 마음을 반성하고 살핌" 또는 "자신이 한 일을 깊이 되돌아보는 일"입니다. 철학사에서 인간 내면의 성찰을 강조한 철학은 아시아에서 두드러집니다.

유럽 철학사가 인간 내면의 외화에만 무게를 두고 사유해 온 것은 아닙니다. 인간 내면의 심화를 개념화해 온 아시아 철학에 견주어 두텁지 못하지만, 유럽 철학사에서도 성찰은 철학적 사색의 대상이었지요. 무엇보다 소크라테스가 "성찰하지 않는 삶은 살 가치가 없다"고 잘라 말했습니다. 가깝게는 니체가 "우리는 본질적으로 우리 자신에 대해 낯선 사람이기에 우리 자신을 오해할 수밖에 없다"고 천명했지요. 니체는 솔직하게 우리가 자신을 인식할 수 있을까에 의심을 품었습니다. "우리는 자신을 알지 못한다. 우리는 자신을 인식해 가는 자들이다"라며 유럽 철학사를 되짚었지요.

소크라테스가 부와 권력, 명예욕을 멀리하라는 가르침으로 성찰을 강조한 대목도 새삼 되새길 필요가 있습니다. 자본주의 체제의 모든 권력뿐만 아니라 공산주의 체제의 권력도 인간성에 대한 성찰이 부족했습니다. 그 결과가 작금의 민주주의 위기 시대로 이어진 거죠.

성찰하는 동물로서 인간은 자신만 되돌아보지 않습니다. 인간은 사랑하는 가족과 이웃, 공동체, 더 나아가 인류를 성찰하는 유적 존재입니다. 유일하게 자신의 삶이란 무엇인가, 인간이란 무엇인가를 묻는 성찰적 동물이지요. 다른 동물과 다르게 현재를 살면서 과거를 돌아보고 미래를 예측할 수 있는 생명체, 스스로 질문을 던지고 성찰하는 존재입니다.

인간은 사회적 동물이자 성찰하는 동물이라는 명제에서 우리는 인간의 유적 본질을 노동과 성찰 두 가지로 도출할 수 있습니다. 먼저 노동부터 짚어 보죠. 인류는 자기 내면을 외화(外化)하는 노동으로 문명을 일궈 왔습니다. 근대 이후 지구를 지배해 온 유럽과 미국의 문명은 내면의 외화에 중심을 두고 전개되었지요.

현대 철학자 하버마스는 마르크스와 달리 인간의 유적 본질을 노동과 상호 행위로 나누어 보았습니다. 하지만 그 두 가지가 과연 별개의 문제인지 의문입니다. 상호 행위 또한 '자유롭고 의식적인 활동'이라는 점에서 노동의 범주에 포함할 수 있기 때문입니다. 인간 내면의 외화로서 생산 행위와 언어 행위 모두 노동의 범주에 들어갑니다. 외화의 대상이 자연일 때 노동은 생산 행위(생산 노동)가 되고 대상이 사회일 때 언어 행위(소통 노동, 상호 행위 노동)가 됩니다.

그런데 사회를 생산 행위와 언어 행위로만 인식할 때 한계가 또렷이 드러납니다. 전자를 중심에 둔 공산주의 체제는 이미 한계를 드러내며 무너졌고, 자본주의 체제에서도 하버마스가 기대한 민주주의가 구현되지 못하고 있습니다. 여기서 하버마스의 사회 철학 개념으로 '공론장(Öffentlichkeit)'을 이해할 필요가 있습니다. 소련과 동유럽의 공산당은 자신들이 '인민을 대변한다'며 집권해 왔으나 정작 민중들은 1989년에서 1991년에 걸쳐 "우리가 인민이다"라는 구호 아래 거리로 나왔거든요.

노동 계급과 인민의 전위를 자임해 온 공산당 일당 체제에 민중의 비판이 분출되는 역사적 사건 앞에서 자유로운 정치 공간의 중요성이 새삼 부각되었습니다. 하버마스의 독일어 저작이 영어로 번역되면서 공론장 개념이 'public sphere'로 미국 독자들에게 소개된 것도 그 시점(1989년)이지요.

하버마스에게 공론장은 민주주의의 핵심 개념입니다. 모든 사람이 원칙적으로 동등한 기회를 가지고 각자의 개인적 성향, 희망, 신조, 의견을 제시할 수 있는 마당이 공론장입니다. 법을 제정하거나 개정하는 과정도 그 연장선이기에 공론장은 근대 법치 국가의 조직 원리이지요. 근대 이전의 '밀실 정치'에서 벗어나 민중 스스로 문제를 토론하고 결정하는 새로운 정치 공간이 공론장이거든요.

하버마스는 공론장을 통해 자유와 평등, 인간성의 이념이 진리와 법의 정신으로 뿌리내려 갔다고 주장했습니다. 이성을 지닌 사람들의 평등하고 자유로운 삶이 공론장의 이념이 되었고, 이성적 사람들의 토론을 통한 합의로 국가를 통치해야 한다는 정치 철학이 퍼져 갔다는 거죠. 공중이 국가와 사회 사이에 공론장이라는 정치 공간을 만들어 내면서 근대 이전의 '민중 배제 정치'를 벗어나 민중이 참여하는 정치를 열어 갈 수 있었습니다.

하버마스의 공론장은 마르크스주의 철학이 자본주의에 대한 과학적 분석에 집중하느라 미처 보지 못했거나 중시하지 않았던 지점을 포착한 주요 개념입니다. 하지만 현대 자본주의 체제에서 자본을 대변하는 언론의 여론 조작으로 공론장은 시나브로 훼손되었습니다. 미국과 유럽에서 공론장에 자본의 영향력은 갈수록 커지고 있지요. 자본주의를 넘어선 사회를 '약속'한 공산주의 체제가 무너진 이후에는 가속도가 붙었습니다.

공론장을 기반으로 하버마스가 제안한 숙의 민주주의(deliberative democracy)는 말 그대로 이상일 뿐 현실은 불평등 심화와 인류세 위기로 치닫고 있습니다. 그럼에도 불평등과 인류세 위기를 풀어 갈 여론이 공론장에서 큰 흐름으로 형성되지 않고 있습니다.

공산주의 체제의 공론장이 공산당의 통제를 받으며 결국 당 독재, 심한 곳에서는 일인 독재로 귀결된 세계사적 경험도 중요합니다. 개혁과 개방에 나섰지만 중국의 공론장이 여전히 당의 통제를 받고 있는 것도 사실입니다.

여기서 우리는 마르크스도 하버마스도 인간의 유적 본질에 가장 중요한 차원을 놓쳤다는 사실을 새삼 발견할 수 있습니다. 인간 내면의 어둠에 대한 성찰이 그것입니다.

성찰은 자기와의 소통, 자기 대화로 학습과 수행을 통해 더 넓고 깊어질 수 있습니다. 그 기반이 '생각 근육'입니다. 생각 근육이라는 말은 낯설 수 있지만 생각하는 힘, 사유하며 성찰하는 힘이 나오는 생각 근육은 현대 뇌 과학의 시냅스와 뇌의 가소성으로 설명할 수 있습니다. 뉴런과 뉴런이 소통하는 신경 회로는 인식 주체가 어떤 생각을 하는가에 따라 활성화되기도 하고 닫히기도 합니다. 학습과 수행이 중요한 이유이지요. 가령 인간은 자신이 관계적 존재임을 인식했더라도 학습과 수행이 이어지지 않으면 자기중심적 존재에서 벗어나기 어렵습니다. 생각 근육이 생기면 자신과의 깊은 대화에 몰입할 수 있습니다.

민주주의 성숙의 선순환 : 성찰과 노동

인간은 정치적 동물이라는 명제에서 확인할 수 있듯이 인류는 정치적 존재이자 동물 중 하나입니다. 우리가 성찰의 범주를 두 가지로 나누어 살펴야 할 까닭인데요. 동물적 성찰과 사회적 성찰이 그것입니다.

동물적 성찰은 인간이 지구의 생명체가 진화하는 과정에서 등장한 동물이라는 과학적 사실에 근거합니다. 인간은 자신의 역사를 만들어 가지만, 그들이 바라는 꼭 그대로 만드는 것은 아닙니다. 마르크스는 그 이유를 인간이 스스로 선택한 환경 속에서가 아니라 '이미 존재하는, 주어진, 물려받은 환경 속에서 역사를 만들어 나가기 때문'이라고 풀이했습니다. 그런데 인간이 자신의 역사를 만들어 갈 때 바라는 대로 만들지 못하는 이유가 '환경'의 문제만은 아닙니다. 인간은 환경만 선택할 수 없는 것이 아니잖습니까. 동물의 하나인 인간의 본성 또한 '이미 존재하는, 주어진, 물려받은' 것이니까요. 그래서 어쩔 수 없다는 숙명론이 아닙니다. 그것을 의식하며 역사를 만들어 가자는 뜻입니다.

생물적 존재로서 본성과 성찰의 문제는 다시 니체의 사유를 되새기게 합니다. 니체에겐 인간이 '정신'이라고 부르는 것은 작은 이성이고 몸이 큰 이성이거든요. 인간의 인식 기관도 몸의 일부라는 통찰은 과학적 사실과도 부합합니다.

인간은 하나의 생명체로서 지닐 수밖에 없는 자기중심성을 지니고 있습니다. 식욕은 자기 보존을 위한 본능이고, 성욕은 자기 증식을 위한 본능입니다. 식욕과 성욕은 사회적으로 경제적 탐욕과 권력욕·명예욕으로 나타납니다. 이렇게 생물적 존재로서의 욕망과 사회적 존재로서의 욕망이 맞닿아 있는 거죠. 위계질서가 동물적 본성에 뿌리내리고 있기에 쉽게 사라지지 않는다는 주장은 실제 공산주의 체제에서 최고 지도자 이하 관료들의 엄격한 계층 구조에서 입증되었다고 볼 수 있지요. 성찰이 중요한 이유입니다.

동물적 존재로 진화 과정에서 인간은 말을 시작했고 사회적 존재로서 말과 글을 발달시켜 왔습니다. 현대 언어 철학은 언어가 인간의 인식을 왜곡할 가능성을 경계합니다.

동물적 자기중심성과 사회적 이데올로기를 벗어나는 방법이 바로 자기 성찰입니다. 인간은 자신이 동물로서 환경과 단절되어 있는 존재가 아니라는 과학적 사실을 파악하고 성찰을 통해 내면을 심화할 수 있습니다. 아울러 자신이 사회적 동물로서 관계적 존재라는 과학적 사실을 학습으로 익힐 수 있습니다. 자기 주도의 평생학습과 자기 대화는 개개인이 삶에서 자신의 개성을 창조적으로 표출할 수 있는 길입니다.

개개인이 성찰을 통해 자신의 내면을 심화하고, 그 심화된 내면을 외화함으로써 우리는 민주주의가 성숙한 사회를 이룰 수 있습니다. 그 성숙한 민주주의 사회는 다시 사회 구성원들 개개인의 내면 성숙을 돕지요. 노동과 성찰, 성찰과 노동이 선순환을 이룹니다. 이를 〈그림 1〉처럼 '성찰을 통한 개인 내면의 성숙 → 성숙한 내면의 외화로서 노동 → 민주주의 성숙 → 개인 내면의 성숙 심화'로 간추릴 수 있습니다. 그 과정에서 관건이 사회적 제도로서 교육 기관과 언론 기관입니다. 교육과 언론은 개개인의 인생에 중요한 민주 정치 영역입니다.

결국 민주주의가 성숙한 사회, 더 나은 삶의 구체적 모습을 기획하는 일은 그 주체인 민중이 스스로 맡아야 할 과제입니다. 노동과 성찰, 두 핵심 개념을 중심으로 민주주의를 바라볼 때 우리는 노동의 성찰과 성찰적 노동을 민주 정치 성숙 단계의 가치로 제시할 수 있습니다.

기실 노동과 성찰은 인간의 몸에서도 서로 이어져 있습니다. 인간의 유적 본질에서 생산 행위와 언어 행위를 담당하는 손과 입, 두루 성찰을 담당하는 뇌의 뒷받침을 받고 있기 때문입니다. 우리 각자의 뇌는 자기 내면을 들여다보며 생각하는 성찰의 기반입니다.

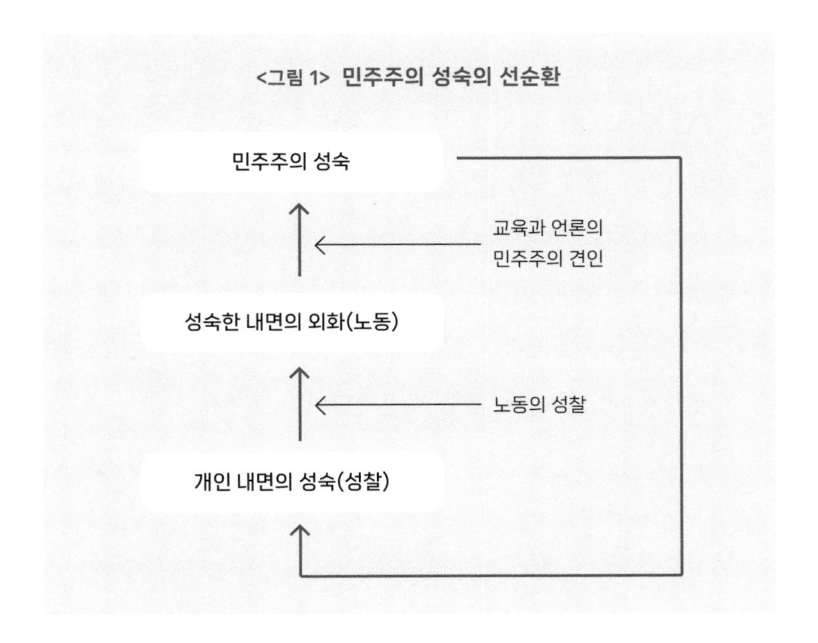

동물적 성찰과 사회적 성찰 모두 우주 속의 인간적 성찰입니다. 기실 인간이 실체적 존재가 아니라는 과학적 사실은 조금의 성찰로도 확인되지 않나요? 자연과 관계를 맺으며 '먹이'를 구하지 못하면 우리의 성찰도 노동도 이어질 수 없습니다. 무엇보다 우리의 존재 자체가 한 남성과 여성의 성적 결합으로 빚어졌잖습니까. 그 여성과 남성의 부모로 끝없이 거슬러 가면 우리는 상상할 수 없을 만큼 많은 사람과 직결된 고리를 찾을 수 있습니다. 언뜻 동물적 차원에 국한된 성찰로 보이지만 그렇지 않습니다. '먹이'와 '직결된 고리' 모두 생물적 개인 차원에서 이뤄진 것이 아니기 때문입니다. 사회적 관계에서 '먹이'를 구했고 지금도 그러합니다. '직결된 고리'의 개개인들 또한 예외 없이 사회적 관계 속에서 생명을 유지했습니다.

인간은 정치적 동물이라는 오래된 철학적 명제는 그래서 부분적으로만 옳다고 할 수 있습니다. '우주철학'은 인간을 정치적 동물인 동시에 우주에 등장한 생명체로서 바라봅니다. 우주 생명체로서도 정치적 동물로서도 인간은 실체적 존재가 아니라 관계적 존재라는 성찰, 인간과 사회가 우주의 작은 일부라는 과학적 성찰, 인식 주체인 인간과 우주가 이어져 있다는 우주철학의 기본 명제는 민주주의 성숙 시대를 열어 갈 튼튼한 밑절미입니다.

정치 산책

민중의 자기 통치는 이상일 뿐일까

민주주의는 어원부터 '민중의 자기 통치'임에도 그 고갱이를 부정하는 흐름이 있습니다. 정치학계에선 이를 '엘리트주의 민주주의'라고 합니다. 대표적인 학자가 조지프 슘페터이지요. 슘페터는 전통적인 민주주의 이론이 공동선이나 민중의 뜻과 같은 식별하기 불가능한 가정들, 또는 민중의 합리성이라는 비현실적인 가정들에 입각해 있다고 주장합니다.

슘페터는 경험적으로 접근해야 한다면서 민주주의는 정책을 결정하는 과정에 민중들이 자유롭게 참여하는 정치가 아니라고 선을 긋습니다. 민주주의는 다만 민중이 자신들을 통치할 대표자들을 자유롭게 선택하는 제도적 장치라는 거지요. 슘페터에겐 정권 교체도 민중이 민주주의적 열정과 실천에 나선 결과가 아닙니다. 선거 경쟁을 통한 엘리트 집단끼리의 교체일 뿐입니다.

슘페터를 비롯한 엘리트 민주주의자들처럼 공동선이나 민중의 뜻을 식별하는 것은 쉽지 않은 문제입니다. 하지만 그렇다고 해서 그것이 불가능하다고 단언하는 것은 옳지 않습니다. 민중의 합리성이 비현실적인 가정이라는 주장도 지나칠뿐더러 무엇보다 민중에 대한 불신이 담겨 있습니다.

민중의 자기 입법이라는 개념이 슘페터에겐 불가능한 가정일 수 있지만, 우리는 하버마스의 공론장 이론으로 얼마든지 반박할 수 있습니다. 모든 사람이 자유롭고 평등하게 참여해서 여론을 형성하는 공론장이 실제 구현된다면 상황은 사뭇 달라집니다. 공론장에서 논의된 문제들을 해결하는 과정이 곧 입법이 되니까요. 공론장에서 특정한 민중적 요구가 여론으로 형성되면 그것을 입법부가 법으로 만들고 행정부가 실행합니다. 그 과정이 자리 잡을 때 민중의 자기 입법도 구현되어 가겠지요.

대의 민주주의와 직접 민주주의가 반드시 대치된다고 볼 필요도 없습니다. 대의 민주주의가 기존의 정당들 중심으로 문제를 바라본다면 더욱 그렇습니다. 민중들은 얼마든지 기존의 정당을 혁신할 수 있고 새로운 정당을 만들 수도 있습니다. 슘페터처럼 '민중이 자신들을 통치할 대표자들'을 선택하는 것이 아니라 민중이 자신들의 뜻을 따를 대표자들을 선택할 수 있다는 말입니다.

물론 공론장이 권력과 자본에 왜곡될 수 있기에 낙관만 할 문제는 아닙니다. 뒤틀린 공론장에 갇힌 주권자들이 많은 것도 사실입니다. 하지만 대의 민주주의와 직접 민주주의를 결합하고 그것을 언제든 통제할 수 있을 만큼 민중 역량이 강할 때, 자기 통치는 벅벅이 실현되어 갑니다.

민 주 주 의
특 —— 강
제
9
강

성숙한 민주 정치로 가는 길

아름다운 꿈 구현하는 혁명

민주주의는 서유럽이라는 세계사의 특정 시공간에서 탄생했지만 지구촌 곳곳에서 억압과 차별을 받던 민중들이 힘을 모아 지금까지 키워 왔습니다. 성장 과정이 순탄하진 않았지요. 더구나 민주주의 성장 시대에 큰 영향을 끼친 사회주의 혁명이 실패하자 보편적인 위기 시대로 들어섰습니다. 20세기 혁명과 개혁의 경험으로 우리는 민중의 폭넓은 공감과 참여 없이, 민중 스스로 통치에 나서는 실천 없이 의미 있는 변화를 이룰 수 없고 민주주의도 성숙할 수 없으며 되레 위기를 불러온다는 깨달음을 얻었습니다.

위기라는 말 자체가 위험과 기회를 모두 담고 있듯이 민주주의 위기 또한 그것을 해소한 다음 단계를 구상케 합니다. 그래서 민주주의 위기 다음 단계를 '성숙 시대'로 설정한 건데요. 태동에서 탄생으로, 탄생에서 성장으로, 성장에서 위기로 넘어가는 단계마다 혁명이나 그와 버금가는 역사적 변동이 있었다면, 위기에서 성숙 시대로 접어들기 위해서도 비슷한 과정이 필요하다고 추론할 수 있겠지요.

우리는 민주주의가 위기를 해소하고 성숙 시대로 들어가 완숙에 이르는 과정을 '주권 혁명'으로 이름 붙일 수 있습니다. 사회과학자들은 '어떤 현실이 만들어지는 상태에 있는 정치-사회적 범주'를 잠재적이고 잠정적인 개념이라 부릅니다. 주권 혁명이 바로 그런 개념입니다. 모든 권력이 주권자인 민중(the people)으로부터 나오는 사회를 실제로 만들어 가는 정치-사회적 범주인 거죠. 새로운 개념이지만 일찍이 링컨이 주창한 '오브 더 피플, 바이 더 피플, 포 더 피플'을 현실에 구현하자는 제안이기에 민주주의의 오랜 숙제, 아직 마치지 못한 과제랄 수 있지요. 더 거슬러 올라가면 모든 인간이 자유와 평등을 누리는 공동체, 그 '아름다운 집'을 건축하는 혁명입니다.

'민중 스스로의 통치' 개념이나 '모든 권력은 민중으로부터 나온다'는 명제를 좌파의 논리로 색깔 칠하는 사람도 있지만, 그런 오해야말로 자본주의 이데올로기가 현대 사회에 마치 공기처럼 퍼져 있다는 사실을 새삼 깨닫게 합니다.

민주주의 위기에서 성숙 시대로 넘어가는 전환을 주권 혁명으로 개념화한 까닭은 새로운 민주주의를 일궈 갈 주체, 자기 통치의 주체를 올곧게 세우기 위해서입니다. 철학자 슬라보예 지젝도 혁명을 기다리기만 한다면 혁명은 결코 오지 않는다며 미숙하더라도 주체적 조건을 창조해 가야 한다고 주장했습니다.

민주주의가 자본주의와 맞물려 전개되는 과정에서 탄생의 주체는 상공인들, 성장의 주체는 노동인들이었는데요. 자본주의 사회의 두 주요 계급으로 생산 수단을 지배하는 자본 계급과 노동 계급을 꼽지만, 현대 사회에서 모든 사람이 두 계급에 속하지는 않습니다. 두 계급 사이에 자리한 중간 계급은 〈그림 2〉처럼 두 부류입니다. 첫째, 전통적 중간 계급으로 소상공업인(자영업)과 농민입니다. '벤처 사업가'들도 물론 소상공인 범주에 들어가지요. 둘째, '신중간 계급'으로 자본주의가 발전하면서 자본가 대신 일터의 운영을 맡고 있는 경영직 · 관리직과 다양한 전문직을 아우릅니다. 신중간 계급을 지식인 집단으로 파악하기도 합니다.

자본주의 사회가 성장하면서 중간 계급이 크게 늘어났는데요. 중간 계급의 최상층은 자본 계급을 닮습니다. 생산력이 발달하면서 딱히 생산 수단을 소유하지 않고도 부와 권력 · 명예를 누리는 사람들이 생겨난 거죠.

그런데 중간 계급의 하층은 노동 계급과 거의 구별되지 않습니다. 〈그림 2〉처럼 중간 계급의 하층부와 노동 계급을 민중으로 개념

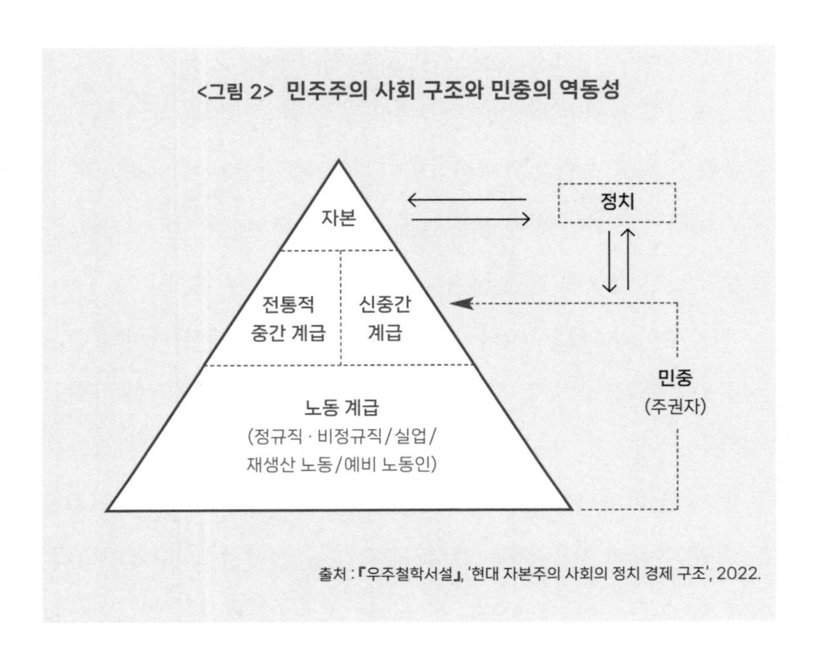

화할 이유이지요. 중간 계급의 어디까지 민중에 포함되는가를 결정짓는 요인은 노동인들의 역량과 민주주의 수준입니다. 〈그림 2〉에서 점선으로 표현한 이유이지요. 그 점에서 '민중'은 역동적인 과학적 개념입니다.

민주주의 국가에서 민중은 상품 생산 수단을 소유한 자본을 비롯해 모든 권력의 궁극적 주체입니다. 민주주의 국가의 헌법마다 명시하듯이 모든 권력은 민중(the people)으로부터 나오니까요.

마르크스는 반복해서 고대 노예의 지위가 자본주의 사회의 '자유 임금 노동인'이나 중세 농노의 지위와 "정확히 같다"고 주장했습니다. 곧 노동인과 자본가의 관계, 농노와 봉건 영주의 관계, 노예와 노예 소유주의 관계가 같다는 주장입니다. 각각 두 집단의 관계는 분명히 계급 관계이고 그 관계에는 계급 갈등이 포함됩니다. 직접적 생산자인 노예·농노·노동인들로부터 그들의 생산물을 빼앗아 가는 착취가 바로 계급 관계의 본질입니다.

하지만 마르크스 주장처럼 농노·노예와 노동인의 지위가 과연 '정확히 같다'고 할 수 있을까요. 생산 수단을 갖지 못했다는 사실에선 그렇게 볼 수 있으나 노동인은 농노·노예와 계급적 성격이 다릅니다. 시민 혁명으로 법적인 신분 제도가 사라졌으니까요. 물론 자본 계급은 혈연으로 이어져 사실상 '신왕족·신귀족'으로 군림하고 있지만 그들이 정치를 독점하진 못합니다.

〈그림 2〉에서 '정치' 영역은 자본과 민중 두 갈래로 작동합니다. 자본의 영향력이 클 때 정치는 자본에 종속되어 민중을 억압합니다. 반대로 민중의 힘이 클 때, 정치는 민중으로부터 나오며 자본을 통제할 수 있습니다. 자본과 민중 사이에 정치 공간이 열려 있다고 볼 수 있지요. 정치와 나라의 구체적 모습은 민중 역량에 따라 달라질 수 있습니다. 민중이 공론장을 최대한 활용해야 할 이유입니다. 공론장의 현실이 권력과 자본의 영향력 아래 있다고 하더라도 어쨌든 열려 있는 공간이니까요. 최대한 활용해야 옳겠지요. 다름 아닌 민주주의 성숙 시대를 열기 위해 그렇습니다.

민중을 민주주의 성숙의 주체로 내세울 때 우리는 노동 계급의 좁은 관점을 넘어설 수 있습니다. 특정한 계급 관점에만 입각해 있다면 그 주장이 보편타당성을 얻을 수 없다는 성찰이 중요합니다. 민중은 특정 계급이 아니라 정치와 경제를 비롯한 모든 삶의 영역에서 특권이 없는 사람들을 모두 아우릅니다.

자본주의 생산 관계에서 노동인들이 광범위하게 고용되어 있고 그것을 계급으로 인식해야 옳지만, 신자유주의로 위기를 맞은 민주주의가 성숙 시대로 진입하려면 계급의 관점만으로 부족합니다. 노동인을 비롯해 사회를 구성하는 절대다수인 민중의 관점으로 공감대를 넓혀야 합니다.

자본주의 다양성 이론을 넘어

민주주의 성숙 시대를 논의할 때 자본주의가 어떻게 될 것인가는 핵심적 문제입니다. 공산주의 체제의 몰락을 계기로 신자유주의적 세계화가 지구촌을 압도한 상황이기에 더 그렇습니다. 후쿠야마처럼 '역사의 종말'론에 딱히 동의하지 않는 사람들 사이에서도 자본주의에 대안이 없다는 '티나(There is no alternative, TINA)'식 사고가 퍼져 갔으니까요. 자본주의 대안으로 등장한 공산주의 체제가 무너지면서 더는 다른 선택이 없다는 현실론이 드셌습니다.

하지만 자본주의에 더는 대안이 없다는 사유의 가장 큰 문제는 자본주의를 마치 '고정된 실체'인 듯 가정하는 데 있습니다. 그런데 역사적 사실로 보아도 자본주의는 고정불변의 실체가 아니라는 사실을 놓치지 말아야 합니다. 실제로 자본주의 체제를 하나의 단일한 모델로 이해할 수 없다는 사실에 주목한 담론이 '자본주의 다양성 이론(Varieties of Capitalism, VOC)'입니다. 피터 홀과 데이비드 소스키스(Hall & Soskice)가 선진 자본주의 국가의 유형과 특징을 설명하고자 제시한 VOC 이론에는 좌파나 우파와 같은 특정 이데올로기가 스며들어 있지 않습니다. 그들이 VOC 이론을 제시한 뒤 자본주의 다양성을 접근하는 이론들이 다채롭게 전개되었습니다.

여러 분류가 있지만 간명하게 '자유 시장 경제'와 '사회적 시장 경제'로 나눌 수 있습니다. 자유 시장 경제 모델은 신자유주의를 지구촌으로 퍼트린 미국과 영국 자본주의가 대표합니다. 사회적 시장 경제는 독일(네덜란드·벨기에·오스트리아·스위스) 모델과 스웨덴(노르웨이·핀란드·덴마크) 모델로 나눠집니다. 신자유주의가 세계적으로 확산될 때도 사회적 시장 경제는 자신들의 틀을 방어하고 유지했습니다.

가장 많이 알려진 다양성 이론은 '주주 자본주의'와 '이해관계자 자본주의'의 구분입니다. 자유 시장 경제(주주 자본주의)와 사회적 시장 경제(참여 자본주의 또는 이해관계자 자본주의)를 민중들이 살아가는 구체적 삶의 관점에서 본다면, 전자는 약육강식의 우려가 높고 후자는 억강부약의 가능성이 짙습니다.

미국식 자유 시장 경제와 달리 사회적 시장 경제로 자본주의 개혁에 가장 앞장 선 나라들이 북유럽입니다. 스웨덴, 노르웨이, 핀란드, 덴마크는 일찌감치 '사회적 복지 국가'를 목표로 내세웠지요. 1951년 독일에서 결성된 '사회주의 인터내셔널'은 민주 사회주의 선언 또는 프랑크푸르트 선언이라고도 불리는 '민주 사회주의의 목적과 임무'를 발표했습니다. 이어 1962년에는 제2선언인 '오슬로 선언'을 노르웨이에서 공표했는데요. 두 선언은 민주주의를 인간 생활의 정치적 · 경제적 · 사회적 및 국제적 영역, 한 마디로 삶의 모든 영역으로 확대하자고 제안했습니다.

사회주의 인터내셔널이 내세운 민주 사회주의는 공산주의와 다릅니다. 그들은 공산주의가 사회주의의 이상을 알아볼 수 없을 만큼 왜곡시켜 버렸다고 비판합니다. 특히 공산당원의 특권을 지적하며 새로운 계급 사회를 만들어 냈다고 선을 그었지요. 오슬로 선언은 "미래는 공산주의의 것도 자본주의의 것도 아니다"라며 '최고 형태의 민주주의'라는 새로운 미래상을 제시했습니다.

민주 사회주의는 종래의 사회주의와 공산주의가 자유 민주주의를 부정하거나 또는 단순한 수단으로 보는 것과 달리 "자유 속에서 민주주의적인 수단에 의하여 새로운 사회를 건설하려고 노력"한다고 다짐했습니다. 생산 수단의 공유도 그 자체를 목적으로 삼지 않고, 사회의 경제생활과 복지를 받쳐주는 기초 산업과 공공사업을 관리하는 수단, 비능률적인 산업이나 독점을 막는 수단으로 생각합니다. 그들이 주장한 사회 민주주의 복지 국가를 가장 잘 구현한 곳이 북유럽입니다.

민중의 성찰적 노동을 중시하는 주권 혁명은 '자본주의 다양성 이론'을 비판적으로 수용합니다. 자유 시장 경제보다 사회적 시장 경제가 성숙한 민주주의에 친화적이라고 보는 거죠. 다만 사회적 시장 경제를 현실적으로 구현한 북유럽식 체제에 안주하지 않습니다. 사회 구성원 대다수인 민중의 성찰과 노동으로 새로운 사회, '민주주의 성숙 시대'를 차근차근 구현하며 지구촌의 새 지평을 열어 가자고 제안합니다.

스웨덴 경제 철학자 에른스트 비그포르스는 '잠정적 유토피아'를 제시했는데요. 잠정적 유토피아는 "현실에 기초한 총체적인 사회의 미래상"으로 민중이 열망하는 가상의 미래 곧 유토피아지만 과학적 · 경험적 성찰로 수정해 가는 체제입니다. 복지 국가의 건설이 '위로부터의 경제 민주화라면 아래로부터의 경제 민주화'를 일궈 내는 방법이지요. 비그포르스의 구상은 루돌프 마이드너의 '임노동인 기금'안으로 구체화되었습니다. 민간 주식회사 가운데 노동인 수가 일정 규모 이상인 기업이 연간 세전 이윤의 20%를 신규 발행 주식 형태로 '임노동인 기금'에 납부하는 방식입니다. 각 기업이 기금에 납부한 주식은 개인적 지분 소유나 배당을 금지합니다. 결국 해마다 늘어나는 주식을 통해 기업에 대한 자본의 독점적 소유권을 제한하게 됩니다.

어떻게 되었을까요? 자본가들이 거세게 반발했지요. 결국 스웨덴에서도 구현되지 못하고 폐기됐습니다. 그러나 민주주의 헌정 체제에서 그것이 불가능한 것은 아닙니다. 주권자인 민중의 정치의식이 얼마나 성숙하느냐에 따라 얼마든지 현실이 될 수 있습니다.

민주주의 성숙 시대를 열어 가려는 사람들은 스웨덴 임노동인 기금의 좌절에 머물러 있지 않습니다. 공동체에 사활적 중요성을 띠는 식량, 보건, 의약품, 운송, 에너지, 생활필수품, 금융 제도들은 민주적인 공적 통제 아래 두어야 한다는 담론이 지구촌 곳곳에서 나타나고 있습니다. 물론 언론과 교육도 그 대상에 들어갑니다. 사회적으로 덜 필수적인 소비품이나 사치품은 시장의 작용에 맡겨도 되겠지요. 인류의 미래는 민주주의가 그렇듯이 열려 있습니다.

교육과 언론 그리고 노동인의 의무

주권 혁명으로 구현할 민주주의 성숙 시대가 미사여구에 그치지 않으려면 자본의 이윤 추구 논리에 대한 민주적 통제 문제를 비껴갈 수 없습니다. 자본의 논리가 지배하는 '자본 독재'와 '민주주의 성숙'은 일단 언어만 보더라도 공존할 수 없잖습니까. 다만 해결 방법이 공산주의 혁명은 아닙니다. 소련과 동유럽 공산주의 체제의 경험에서 결함이 두루 확인됐기 때문입니다.

21세기 들어 위기를 맞고 있는 지구촌 민주주의의 보편적 현실은 사뭇 열악합니다. 현재 유럽의 적잖은 나라에서 운영되고 있는 '사회적 시장 경제'조차 자리 잡지 못한 나라가 지구상에 대부분입니다. 더러는 사회 경제적 조건, 더러는 정치적 조건이 다릅니다. 자본의 무한 증식이 여전히 지배적인 논리로 작동하는 신자유주의적 세계화는 지구촌 민주주의의 성숙을 위해 반드시 넘어서야 합니다.

민주주의 성숙 단계와 자본주의가 어떤 관계를 맺을 것인가는 사회 구성원 절대다수인 민중의 역량이 좌우합니다. 우리는 노동과 성찰의 선순환으로 성숙한 민주주의를 열어 갈 주체인 민중의 역량을 높이는 방안을 살펴보았는데요. 민중의 그 역량이 높아지지 못하도록 방해하는 세력이 여전히 견고합니다. 자본으로부터 물적 지원을 받고 있기에 더 그렇습니다.

무릇 인류의 역사적 전개 과정에서 지배 세력은 언제나 민중의 단결을 가로막아 왔습니다. 고대 그리스와 로마의 대다수 '철인'과 '현인'들은 노예를 소유한 귀족들에게 노예를 인종적·언어적으로 다양하게 구성하는 것이 좋다고 조언했습니다. '주인'의 말을 알아듣는 것 말고는 서로 의사소통을 어렵게 하자는 전략이었지요. 고대부터 이미 지배 계급과 그들을 대변한 철학이 민중의 단결을 막아 왔다는 뜻입니다.

현대 사회에서도 민중 자신이 자본의 논리나 권력의 논리에 지배당하지 않도록 스스로 경계해야 합니다. 우리가 일상에서 느끼지 못할 수 있지만 자본주의 국가에는 경찰, 군대와 같은 합법적 폭력 기구가 일상적으로 작동하고 있습니다. 그런데 어떤 국가도 합법적 폭력 기구로만 유지될 수 없습니다. 국가의 정당성을 민중들에게 주입 또는 설득해야 지배 질서를 유지할 수 있거든요. 고대와 중세에는 주로 종교가 그 구실을 했습니다. 유럽에선 기독교가 중세의 신분제 질서를 정당화했고, 동아시아에선 유교가 그랬습니다. 근대 자본주의 사회에서도 마찬가지이지요. 알튀세르는 그것을 '이데올로기적 국가 기구'라 이름 붙였습니다.

자본주의 국가의 이데올로기 기구는 무엇일까요? 다름 아닌 교육과 언론이 대표적 기구입니다. 얼핏 학교도 언론도 마치 자율성이나 중립성을 확보한 것처럼 보입니다. 하지만 표면적으로만 그렇지요. 오히려 자율성이나 중립성을 내세움으로써 지배 계급이 문화적 패권을 유지할 수 있도록 돕습니다. 알튀세르 철학이 그람시의 헤게모니(hegemony) 개념과 맞닿는 지점입니다. 헤게모니는 민중이 자발적으로 지배 세력에 순응하는 현상을 이릅니다.

언론과 교육 기관이 지배 세력의 이데올로기적 국가 기구로 작동할 때, 자본의 헤게모니를 받쳐 주는 기구로 구실할 때, '성찰과 노동의 선순환'은 이뤄지지 않습니다. 오히려 〈그림 3〉처럼 악순환이 이뤄집니다.

학교 교육은 얼핏 중립적으로 보이지만 본질적으로 교육자들이나 피교육자들 자신이 의식하든 의식하지 못하든 이미 정치적입니

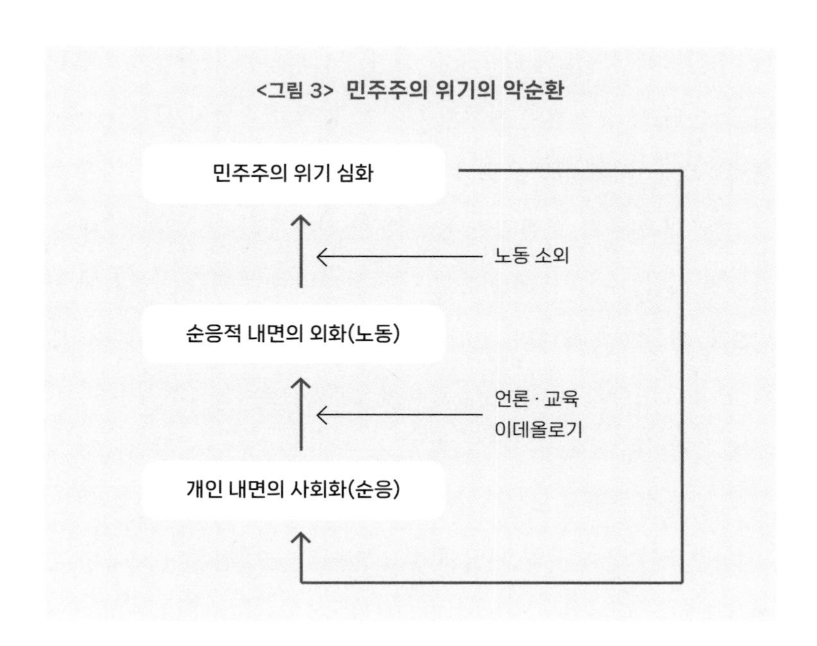

다. 자본주의 시대의 학교 교육은 새로운 세대를 체제가 요구하는 노동에 적합하도록 준비시키며 자본 중심의 문화를 전달해 왔습니다. 노동인들을 재생산해 내는 '국민 교육'에 더해 자본 축적에 필요한 이윤을 유지하고 증대시키기 위한 '전문적 · 행정적' 지식도 '산출'해 냅니다. 개개인이 학교 교육을 마치면 언론 기관이 이어받아 일상적으로 자본의 이데올로기를 전파함으로써 사실상 '평생 교육'을 담당합니다.

성찰과 노동으로 민주주의 성숙을 이끄는 선순환은 개개인의 성찰이 없을 때 민중이 이데올로기에 포획되어 지배 체제가 유지되거나 더 견고해짐으로써 민주주의 위기가 심화되는 악순환을 이룹니다. 언론과 교육 기관이 사회화 과정을 통해 민중들의 생각을 이데올로기로 틀 지워 가둠으로써 악순환의 고리가 됩니다.

자본의 논리가 성찰과 노동을 통한 민주주의 성숙의 선순환을 가로막고 있는 사회에서 언론과 교육은 민주주의 학습과 성찰의 공간으로 거듭나야 합니다. 그것을 입법과 제도로 뒷받침해야 뿌리내릴 수 있습니다. 그 과정에서 교육과 언론이 이데올로기적 국가 기구에 편입되어 작동되지 않도록 두 부문에서 일하는 노동인들의 철학적 성찰과 성찰적 노동이 중요합니다.

민주주의 성숙 시대 진입에 중요한 디딤돌인 언론과 교육 부문에서 일하는 노동인들은 동시대를 살아가는 사람들과 다음 네 가지 철학적 성찰을 공유할 민주적 의무가 있습니다.

첫째, 자신의 언어에 대한 성찰입니다. 현대인이 사용하는 언어 대부분이 최소한의 의미만 남거나 그조차 상실한 언어로 소통되고 있다는 진단이 언어 철학, 언론학, 정치 철학에서 두루 제기되고 있습니다. 가령 근대 이전의 모든 신분제 사회에서 '인권'이나 '평등'이란 말은 낯선 언어이자 불온한 말이었습니다. 지금은 자연스러운 말로 소통되고 있지만 그 안에 담긴 철학적 의미를 새겨 보는 사람들은 많지 않습니다. 데모크라시를 '민중 정치'로 번역하지 않고 '민주주의'로 옮김으로써 그 말에 담긴 뜻이 퇴색된 것도 같은 맥락입니다.

더구나 대다수 사람이 불편함이나 거북함을 느끼는 말들이 아직도 적지 않습니다. 대표적으로 '노동 운동'이나 '민중'이라는 말이 그렇습니다. 말을 배울 때부터 초·중·고교는 물론 대학과 언론에 이르기까지 체제 언어를 내면화하는 긴 과정이 있기 때문입니다. 심지어 촛불 혁명에 나선 사람들 사이에도 더러는 민중이나 노동이라는 말을 불온하게 여긴 것이 현실입니다.

둘째, 자신이 살아가는 삶의 현실을 있는 그대로 인식하고 있는지에 대한 성찰입니다. 모든 생명체는 자신을 둘러싼 환경을 정확히 인식하려는 본능을 지니고 있음에도 굳이 그것을 '철학적 성찰'로 제시하는 까닭은 민중이 현실을 정확히 인식하지 못하도록 방해하는 세력이 엄존하고 있기 때문입니다. 가까운 예를 들자면 우리의 일상을 둘러싸고 있는 온갖 미디어와 화려한 광고들이 무시로 우리 눈에 들어옴으로써 민중들은 자본이 지배하는 사회관계 속에 살고 있는 자기 현실을 망각하기 십상입니다.

마르쿠제가 『일차원적 인간』에서 지적했듯이 "광고에 나오는 대로 긴장을 풀고 재미있게 놀이를 즐기고 행동하고 소비하고, 또한 남들이 사랑하고 미워하는 것을 자기도 사랑하고 미워하고 싶다는 일반적인 욕구들"은 인간적 욕구이기보다는 "거짓된 욕구"이며 그런 "욕구의 발달과 충족은 타율적"이라는 사실을 성찰해야 합니다. 각종 미디어로 우리의 일상생활 곳곳까지 깊숙이 침투한 자본의 광고는 '더 많은 소비가 행복'이라는 의식을 보편화함으로써 민중을 소비에 매몰되게 만들고 역사와 사회의식을 망각하게 합니다.

셋째, 자신이 살아가는 삶의 현실과 다른 사회, 더 나은 민주주의가 가능하다고 확신하는지에 대한 성찰입니다. 인간은 누구나 꿈과 상상력을 지니지만 그것을 철학적 성찰이라 하는 까닭은 성숙한 민주주의 사회가 가능하다는 진실을 인식하지 못하도록 방해하는 세력이 정치 경제만이 아니라 교육 기관과 언론 기관을 직간접적으로 지배하고 있어서입니다. 자본주의에 다양한 정치 경제 체제가 존재하고 있다는 사실, 자본주의가 영원불변의 체제가 아니라는 역사적 사실에 대한 분명한 인식이 중요합니다.

넷째, 민주주의 성숙 시대를 자신의 실천, 성찰적 노동으로 열어갈 수 있다고 생각하는지에 대한 성찰입니다. 인간은 누구나 삶에서 의미 있는 무엇인가를 창조하고 싶은 의지를 지니고 있습니다. 그럼에도 그것을 철학적 성찰이라 하는 까닭은 민중이 새로운 사회의 실현에 나서지 못하도록 방해하는 세력이 물질적 힘을 지니고 있어서입니다.

한 국가의 국민 대다수인 민중이 자신이 살아가는 삶의 현실을 자신의 언어로 인식하고, 다른 사회가 가능하다고 확신하며, 성숙한 민주주의 구현에 힘을 모을 때, 근대 혁명에 버금가는 '세계사적 혁명'을 이룰 수 있습니다. 다만 민중의 자기 성찰과 현실 인식을 저해하는 세력이 엄존하고 있다는 사실을 모르고 낙관적 전망만 늘어놓다가는 자칫 작은 일에도 좌절하거나 민중을 불신할 수 있습니다.

바로 그렇기에 21세기에 특히 주목할 '이데올로기 국가 기구'가 언론입니다. 근대 사회가 형성되기 시작할 때부터 대중 매체가 공론장을 주도해 왔기에 민주주의 전개 과정과 밀접한 관계를 맺었습니다. 모든 자본주의 국가에서 절대다수의 신문사와 방송사를 상공인들이 소유해 왔기에 더 그렇지요.

그런데 과학 기술 혁명이 21세기 들어 본격적인 미디어 혁명을 이끌며 대중 매체 시대가 저물고 있습니다. 세계사를 톺아보면 인류는 지금까지 네 차례에 걸친 미디어의 혁명적 변화를 일궈 왔습니다. 말, 글, 대중 매체에 이은 인터넷이 그것이지요. 말은 인류를 동물과 다른 존재로 만드는 혁명적 변화를 이뤘고, 글은 문자 혁명을 이루며 선사 시대와 역사 시대를 나누는 획을 그었습니다.

자본주의와 함께 열린 대중 매체 시대는 왕을 정점으로 한 신분 체제를 무너트렸습니다. 대중 매체 시대의 민주주의는 대의 정치였고, 언론 또한 신문사와 방송사 기자들이 일방향으로 보도와 논평을 한다는 점에서 사실상 대의제 성격이 강했지요.

그런데 민주주의가 성숙하려면 민중이 '스스로의 통치'에 필요한 정보를 충분히 알고 있어야 합니다. 언론은 3권이 분립된 정치 체제에서 '제4의 권력'을 넘어 그 체제의 기반이었다고 해도 결코 지나친 말이 아닙니다.

따라서 과학 기술 혁명으로 모든 사람, 무엇보다 특권이나 특혜가 없는 민중이 직접 언론 행위를 펼 수 있는 시대가 활짝 열린 것은 세계사적 의미가 있습니다. 근대 세계를 연 인쇄 혁명에 이어 500여 년 만의 혁명적 전환 가능성을 품고 있기 때문입니다. 자본주의 체제에서 하나의 기업으로 존재함으로써 자본의 논리에 침윤될 수밖에 없는 대중 매체를 넘어 모든 사람이 언론 활동을 펼 수 있는 조건이 마련된 것은 전환적 의미가 있습니다.

1991년 시작한 민주주의 위기와 거의 같은 시기에 전개된 인터넷 혁명은 성숙 시대를 지향하는 우리에게 희망의 근거가 될 수 있습니다. 모든 개개인이 기자가 되어 활동할 수 있는 시대가 열렸으니까요. 민중의 자기 통치에 좋은 조건이 마련된 셈입니다.

다만 자본의 논리가 운동하고 있는 현실을 경시하거나 망각해서는 안 됩니다. 민중 개개인이 언론 자유를 누리며 무엇이든 말할 수 있는 세상이 열린 것은 새로운 시대임에 틀림없고 주권 혁명을 구현하기에 좋은 기반이지만, 자본과 권력이 미디어 혁명을 주도할 때 오히려 유례없는 감시 사회로 귀결될 수도 있거든요. 인공 지능과 빅 데이터까지 자본의 논리에 속절없이 지배당한다면 더욱 그렇습니다.

정치 산책

"국가는 민중을 위한 집"

선한 정치인은 정직한 도둑처럼 불가능하다는 미국인들의 생각은 일면적입니다. 트럼프나 베를루스코니 같은 정치인도 있지만, 그들과 품격이 다른 정치인도 얼마든지 찾아볼 수 있으니까요. 최고 권력자로서 22년, 총리가 되기 전의 국회의원과 장관 경력 13년까지 더하면 35년을 권력의 핵심에 있던 정치인이 있습니다. 22년간 총리로 재임한 뒤에도 선거에서 패배해서가 아니라 스스로 물러났습니다. 자신이 너무 오래 집권했다며 정치에 '체질 개선'이 필요하다고 사퇴 이유를 밝혔지요.

누구일까요. 스웨덴 정치인 타게 엘란데르입니다. 1946년 집권해 1968년 퇴임할 때까지 옹근 22년 넘도록 총리로 재임하며 스웨덴을 복지 국가로 만들어갔지요. 더 극적인 장면이 있습니다. 그가 자발적으로 사퇴했을 때, 돌아가서 가족과 살 집이 없었습니다. 머물 집 한 채도 없을 만큼 청빈하다는 사실을 알게 된 스웨덴 민중들은 기꺼이 돈을 모아 집을 마련해 주었습니다. 엘란데르가 사망하자 그의 아내는 그 집은 '국가 재산'이라며 비우고 반납했지요. 트럼프나 베를루스코니만이 아니라 대한민국에서 살아가는 사람들에게도 엘란데르의 청렴은 충격일 수밖에 없습니다. 예를 들어 전두환은 대통령 임기 7년 동안 5000억 원 이상을 착복했으며 16년을 집권한 박정희는 청와대 금고조차 정리할 틈 없이 죽었음에도 그의 자녀들은 문화방송(MBC) 주식 30%와 부산일보를 소유한 정수장학회, 한국 대학 가운데 땅이 가장 넓은 영남대학, 서울 어린이대공원에 자리한 육영재단을 좌지우지해 오고 있습니다.

총리에 취임한 엘란데르는 복지를 위해 세금을 늘리는 정책에 반대하는 세력과 싸워 나갔습니다. "물론 우리는 성장할 것이다. 그러나 다 함께 성장할 것"이라 밝히고 "사람들에게 돈을 풀자는 게 아니다. 사람들이 돈을 벌 수 있게 하자는 것이다. 나는 돈보다 사람을 믿는다"고 역설했습니다. 그럼에도 반대가 이어질 때 내건 구호가 '집'입니다. 그는 국가는 '민중의 집(The People's Home)'이어야 한다며 '국가에 내는 세금이 곧 자신의 집에 대한 투자'라고 설득했지요. "세금을 늘리는 게 아니다. 모든 민중의 소득을 늘리는 것"이라는 언명은 함축적이고 강렬했습니다.

물론 스웨덴도 '임노동인 기금'처럼 좌절이 있고 최근에는 이민자를 배척하는 극우 정당이 세를 불리고 있습니다. 하지만 "국가는 민중을 위한 좋은 집이어야 한다"는 호소는 스웨덴 안팎에 살아 있습니다. 지구촌 어디선가 새로운 열매를 맺을 수 있겠지요.

**정치
산책**

정치·경제·교육이 균등한 민주공화국 꿈

한국도 정치인에 대한 실망이 퍼져 가고 있지만 정치사를 톺아보면 민주주의 성숙 시대로 들어서는 과정에서 되짚어 볼 정치인들이 있습니다. 그 가운데 돋보이는 정치인이 조소앙입니다. 일제 강점기 내내 항일 운동을 펼친 그는 독립운동 사상으로 '삼균주의'를 정립했습니다. 대한민국 임시정부의 건국 강령도 "삼균주의로써 정치 · 경제 · 교육의 균등"을 명시했습니다.

삼균주의는 개인과 개인, 민족과 민족, 국가와 국가의 균등 주장으로 출발합니다. 개인과 개인의 균등은 "정치의 균등화, 경제의 균등화, 교육의 균등화"입니다. 민족과 민족의 균등은 "민족 자결을 자기 민족과 또 다른 민족에게도 적용시킴으로써, 소수 민족과 약소 민족이 압박받고 통치받는 지위로 떨어지지 않게 하는 것"이지요. 국가와 국가의 균등은 "모든 국가가 서로 침략하지 않고 국제 생활에서 평등한 지위를 가지고, 나아가서 사해일가"를 이루는 것으로 삼균주의의 궁극적 목적이라고 밝혔습니다. 지금의 세계화 시대에 걸맞은 탁견으로 간결합니다.

조소앙은 경제 균등을 "각계의 평등 생활을 확보하여 인민의 물적 생활을 제고하여 향수케 하며 국가의 경제적 토대를 합리화하고 공고화"하는 것이라고 풀이했습니다. 마르크스주의는 역사를 계급 투쟁으로 보았는데, 조소앙은 '균등을 실현하는 투쟁'으로 폭을 넓혔습니다. 건국 강령에서 "각층 각 계급의 지력(智力)과 권력과 부력(富力)의 향유를 균평하게 하며 국가를 진흥"하자는 대목도 삼균주의와 일치합니다. 건국 강령은 이를 '홍익인간'과 연관지어 "우리 민족이 지킬 바 최고 공리"라고 공표했지요.

조소앙은 "프랑스와 미국은 군주의 독재적 압박에서 탈피하려는 동기에서 민주주의를 창립하였지만 백여 년간 시험한 결과는 지식파·유산파의 독재화로 끝났으며" 러시아는 "군주 독재와 지부(智富) 계급의 발호에 자극되어 소비에트 제도를 창립하였지만 십여 년간 실험한 결과 무산 독재로 귀착되고 말았다"고 비판했습니다. 조소앙이 제시한 신민주공화국은 "정치 권리의 균등, 생활 권리의 균등 및 배울 권리의 균등"을 구현한 국가 체제로, 이것이 '한국 혁명의 진수'라고 강조했습니다.

1948년 38선 이남만의 총선에는 참여를 거부했지만 1950년 제2대 총선에 사회당을 창당해 출마했습니다. 전국 최다 득표로 당선되고 한 달도 안 되었을 때 일어난 한국 전쟁은 그의 정치적 실천에 결정적 장벽이 되었지요. 국회의 '수도 사수' 결의에 따라 서울에 남아 있던 조소앙은 평양으로 피랍되었고, 남북 사이에 중립 통일론을 펴다가 비판을 받았다고 합니다. 1958년 별세했는데 병사설과 자살설이 엇갈립니다. 정치·경제·교육이 균등한 민주공화국을 이루자는 꿈은 조소앙 개인을 떠나 대한민국 임시정부에 참여한 독립운동가들의 소망이었지요. 21세기 '신자유주의적 세계화 시대'에 새롭게 짚어 볼 정치 철학입니다.

민 주 주 의
특 —— 강
제
10
강

2050년 지구촌의 삶

견고한 계급 사회와 성숙한 민주 사회의 갈림길

민주주의가 위기 시대를 벗어나 성숙 시대로 들어서는 과정은 쉽지 않습니다. 민주주의 성숙의 철학과 정치 경제학을 살펴보았지만, 현재의 위기가 지속되거나 더 악화할 가능성도 얼마든지 있습니다.

마지막 강의에서 민주주의의 미래를 굳이 어둡게 내다보는 이유는 의도적입니다. 민주주의의 단계적 전개에 대한 우리의 이해가 자칫 근거 없는 낙관이나 현실을 무시한 이상론으로 흐를 수 있어서입니다. 더구나 인공 지능(AI)으로 상징되는 과학 기술 혁명으로 신세계가 출현하고 있다는 담론들이 미래에 대한 낙관론을 뒷받침하고 있거든요.

하지만 우리가 살고 있는 사회에 큰 변화가 없는 한 자본주의 체제는 기본적으로 생산 수단을 소유한 자본과 그에 고용된 노동인들을 비롯한 민중 사이에 갈등이 일어날 수밖에 없는 구조입니다. 소수인 전자와 인구 대다수인 후자 사이에 힘의 관계가 자본주의와 맞물린 민주주의를 전망할 때 관건이 됩니다. 더구나 빠르게 진화하며 퍼져 가는 인공 지능은 기술 철학자 마크 코켈버그가 『AI의 정치학』(*The Political Philosophy of AI*, 번역본은 『인공 지능은 왜 정치적일 수밖에 없는가』)에서 분석했듯이 기본적으로 정치적이고 "본질적으로 반민주적인" 성격이 있습니다. 2020년대의 우리는 "이미 인공 지능을 이용하여 우리를 조종하는 거대 기업에 의해 지배되고 있다"는 거죠.

그럼에도 4차 산업 혁명 시대를 전망하며 민주주의는 어떻게 될까를 논의하는 담론은 그리 많지 않습니다. 자본주의 사회에서 살아가는 대다수 사회 구성원, 곧 민중들에게 일자리는 생존권과 직결된 문제인데요. 세계경제포럼(WEF)이 디지털 혁명에 기반한 물리적 공간, 디지털 공간 및 생물학적 공간의 경계가 희석되는 기술 융합의 시대를 '4차 산업 혁명'으로 규정할 때, 이미 노동의 지형이 변화하는 사회 구조적 변동을 예측했습니다. 몇백만 종류의 일자리가 사라져 노동의 양상이 달라진다는 암울한 전망이 그것입니다.

더러는 4차 산업 혁명이 오히려 일자리를 늘린다고 주장하지만 현실은 다릅니다. 인공 지능과 사물 인터넷(IoT)이 불러온 변화는 이미 수많은 희생자들을 양산하고 있습니다. 가령 미국의 대표적인 인터넷 쇼핑몰 '아마존'의 물류 창고에는 노동인들이 시나브로 사라지고 로봇들만이 바쁘게 움직이고 있습니다.

4차 산업 혁명은 숙련직 노동이나 전문직 노동도 위협하고 있습니다. 의사, 약사, 주식 분석가, 기자, 번역가 등 상당한 숙련과 훈련을 요구하는 노동도 인공 지능이 대체하는 현상이 나타나고 있으니까요. 실례로 IBM이 개발한 인공 지능 왓슨(Watson)은 뉴욕의 한 병원에서 최신 논문을 기반으로 진료 기록을 분석하고 환자의 상태를 파악하여 최적의 치료법을 골라 의사들에게 제시했습니다. 인공 지능이 의사의 역할도 충분히 수행 가능하다는 사실을 입증한 거죠. 왓슨은 생명 공학 분야에서 관련 논문과 자료들을 읽고 분석해 연관성을 찾아내 새로운 치료법을 개발함으로써 연구원들의 일자리도 위협하고 있습니다. 인공 지능은 이른바 딥러닝(deep-learning)의 발달로 인간만이 할 수 있는 노동이라 여긴 창의성 영역도 침범하고 있습니다. 더구나 생성형 인공 지능(Generative AI)이 등장하면서 파장을 일으키고 있습니다.

자칫 알고리즘을 다루는 소수가 지배하고 대다수 민중은 인공 지능이 인식하기 편한 방식으로 정보를 변형하는 단순 작업만 하는 시대를 맞을 수 있습니다. 심지어 그 단순 작업의 기회마저도 소수의 사람들만 가질 수 있고요.

인공 지능의 발전과 그로 인한 변화와 관련해 미국과 유럽의 언론들은 '미래의 공장은 사람 한 명과 개 한 마리' 딱 둘만 고용하게 될 것이라는 우스개를 즐겨 소개하고 있습니다. 사람과 개가 각각 무슨 일을 하는지 알게 되면 더 오싹해집니다. "사람이 하는 일은 개 밥을 주는 것이고 개가 하는 일은 사람이 기계에 손을 못 대게 하는 것"이랍니다.

썰렁한 농담이지만 공감을 얻고 있지요. 기실 정보 통신 혁명으로 실시간 이어진 세계화가 불러온 결과는 장밋빛 전망이 얼마나 무책임하고 근거 없는 것인가를 이미 입증해 주었습니다. 글로벌 자본이 생산 현장에서 배제하거나 쫓아낸 사람들의 빈곤만 두고 하는 말이 아닙니다. 환경에 유해한 산업은 미국과 서유럽 등 제1세계에서 아시아·아프리카·남아메리카 등지의 제3세계로, 가난한 사람들이 살고 있는 지역으로 이전되는 반면에 고급 문화와 편의 시설은 제1세계와 부자들이 거주하는 지역으로 집중되거든요.

지금의 흐름이 이어지면 자본주의는 최악의 사회를 형성할 수 있습니다. 인공 지능의 발달을 토대로 로봇을 소유하며 한껏 부를 축적한 상위 20%와 일자리를 잃고 생존 경쟁에 쫓기는 80%의 사회, 어쩌면 그 비율이 10대 90이 되는 사회가 굳어질 수 있습니다. 그때 민주주의는 희미한 옛 그림자처럼 남겠지요.

그래서입니다. 4차 산업 혁명을 비롯한 사회 경제적 변화에 노동을 중심에 둔 복지 국가 모델이 한계에 이르렀다는 담론이 나오고 있습니다. 그들은 21세기 사회의 기반으로 노동만이 아니라 모두가 평등한 권리를 갖는 '공유지(commons)'를 부각합니다. 여기서 공유지는 공동체 성원들이라면 누구나 평등한 권리를 갖는 모든 자원을 포괄하는 개념입니다. 가령 기업이 과학 기술이나 주식 제도와 같은 공유지를 통해 창출한 수익은 비단 그 기업의 자본이나 노동인들만의 몫이 아니라는 주장입니다. 4차 산업 혁명을 이끌 '빅데이터' 또는 인공 지능 산업도 모든 사람이 기여한 공유지에 기초합니다. 그 논리는 기본 소득으로 이어지지요.

기본 소득(basic income)은 국가나 지방 자치 단체가 모든 개개인에게 아무런 조건 없이 지급하는 정기적 소득입니다. 노동 여부나 재산의 많고 적음에 관계없이 모든 사람에게 생활을 보장하는 수준의 현금을 지급하는 정책입니다. 공유지 조성에 모든 사람이 기여한 만큼 거기서 얻은 수익은 개개인들에게 적절히 배분해야 옳다는 거죠. 자본가들이 인류가 공동으로 물려받은 과학 기술을 아무런 대가도 치르지 않은 채 이용하고, 주식 제도를 통해 사회로부터 자본을 공급받고 있는 것은 명백한 사실이거든요. 그래서 주식을 상장할 때 주식 자본의 특정 비율, 예컨대 1%를 공유 주식으로 '공유 자본 금고(Commons Capital Depository)'에 납부하고 그것을 재원으로 기본 소득을 지급하자는 방안도 나와 있습니다.

민주주의의 미래에 또 다른 변수는 '신냉전'입니다. 미국과 중국 사이의 갈등이 어두운 그림자를 드리우고 있습니다. 미국의 대중 무역 적자는 2010년 2930억 달러였으나 2016년에는 3468억 달러, 트럼프가 취임한 2017년에는 3715억 달러, 트럼프 정부가 중국에 대해 각종 관세·비관세 압박을 펼쳤음에도 2021년에 3553억 달러로 큰 차이가 없었습니다. 미국의 불신 또는 견제는 무역 적자 문제에 그치지 않습니다. 크리스토퍼 레이 연방수사국(FBI) 국장은 2020년 7월 공개적으로 "미국 내 중국의 산업 스파이 행위가 최근 10년 사이에 1300% 증가했고, 미국의 첨단 군사 기밀 탈취를 위해 활동하는 사이버 스파이만 최소 18만 명에 이를 것"이라고 주장했습니다.

트럼프가 물러나고 바이든 정부가 들어섰지만 중국과의 대결 정책은 유지되거나 강화되었습니다. 미국이 초당적으로 중국을 견제하고 나선 셈이지요. 2021년 영국에서 열린 주요 7개국(G7, 미국·캐나다·영국·독일·프랑스·이탈리아·일본) 정상 회의와 북대서양조약기구(NATO) 정상 회의에서 미국 대통령 바이든은 '세계가 중국이라는 새로운 도전에 직면해 있다'고 주장했습니다. 세계 언론은 2021년 G7 정상 회의를 '신 냉전의 신호탄'이라고 평가했지요.

미국과 중국의 경제력 격차는 해마다 줄어들고 심지어 일부 전문가들은 2030년 이전에 GDP 규모에서 중국이 미국을 추월하리라 예측하고 있습니다. 가장 큰 경제 규모를 가진 나라가 전 세계 경제를 이끌 가능성이 높고, 국제 금융 거래의 기본이 되는 '기축 통화' 결정은 물론 정치적 영향력을 행사할 힘도 커질 것입니다. 중국은 첨단 산업의 기술 확보를 위해 인재 양성에 총력을 기울이고 있습니다. 이미 2017년에 중국은 '10대 첨단 기술 특허 건수' 순위에서 인공 지능, 자율 주행, 블록체인을 비롯한 대부분 분야의 1위를 차지해 세계 최대의 특허 보유국으로 떠올랐지요.

20세기가 미소 냉전 시대였듯이 21세기는 미중 신냉전 시대라는 담론들이 힘을 얻습니다. 그런데 성격이 다릅니다. 미국과 소련 관계와 달리 미국과 중국은 경제적으로 서로 깊숙이 연결되어 있거든요. 소련은 미국과 다른 공산주의 경제 체제였지만 중국은 '세계의 공장'으로 미국을 비롯한 자본주의 국가들의 경제와 얽혀 있습니다.

그럼에도 미국과 중국 모두 자국의 경제적, 군사적 이익을 중시하는 '국가주의'로 흐르고 있어 신냉전의 위험성을 과소평가할 수는 없습니다. 국가주의(statism, Etatismus)는 국가를 최고의 조직으로 보고, 국가 권력을 해당 사회 전체를 지배하는 중심으로 인정하는 정치 원리를 말합니다. 국가의 이익을 개인의 이익보다 절대적으로 우선하는 사상과 정책으로 민주주의에 '빨간 신호등'입니다.

냉전 시대에 소련의 공산주의 체제는 미국과 유럽의 자본가들로 하여금 사회 복지 강화라는 수동 혁명을 강제했지만, 신냉전은 미국과 중국 자신은 물론 지구촌을 국가주의와 중상주의로 물들여 가고 있습니다. 신자유주의와의 단절이 아니라 그 연장이지요. 모두 자본의 이윤 추구 논리를 중시하니까요. 바로 그만큼 지구촌 민주주의 위기는 더 커질 수 있습니다.

그래서 희망 찾기, 아니 '희망 만들기'가 중요합니다. 과학 기술 혁명과 4차 산업 혁명을 자본의 힘이 지배할 수 없도록 공유할 때 상황은 사뭇 달라질 수 있거든요. 4차 산업 혁명을 상징하는 '인공 지능(AI) 발달'과 주체적 조건인 '민중 역량'을 두 축으로 전망할 때 우리는 〈표 5〉처럼 네 가지 시나리오를 예상할 수 있습니다.

인공 지능은 발달 정도에 따라 인간의 두뇌와 같이 다양한 기능을 수행하는 '강AI'와 특정 기능만을 수행하는 '약AI'로 구분합니다. 민중 역량은 자본의 지배력과 어떤 관계인가를 기준으로 판단합니다. 보편화된 인공 지능 구분 방식을 따라 편의상 민중 역량이 자본의 지배력보다 약할 때를 '약한 민중'으로, 민중 역량이 자본의 지배력보다 강할 때는 '강한 민중'으로 표기할 수 있겠지요.

먼저 약한 민중이 약AI와 결합할 때 민주주의 위기 시대는 지속됩니다. AI 발달 수준이 낮아 생산성이 획기적으로 늘어나지 않고 자본의 지배력이 강력한 사회 경제 구조에서 구성원들은 개성을 상

<표 5> 4차 산업 혁명과 민주주의 전망

인공 지능 / 민중	약AI	강AI
약한 민중 (민중 역량 < 자본의 지배력)	민주주의 위기 지속	민주주의 위기 심화
강한 민중 (민중 역량 > 자본의 지배력)	민주주의 위기 완화	민주주의 성숙 진입

실한 채 생계를 위해 노동합니다.

약한 민중에 강AI가 더해지면 민주주의 위기는 심화되어 전체주의 사회로 함몰될 수 있습니다. 강AI를 소유한 독점적 대기업들이 생산 영역에서 급속한 자동화로 고용을 줄이면서 강AI를 이용해 이윤을 극대화하면 부익부 빈익빈의 양극화가 극심해집니다.

강한 민중과 약AI의 조합은 민주주의 위기를 완화할 수 있습니다. AI에 대해서도 얼마든지 통제가 가능하기에 민중의 대처 능력에 따라 민주주의 위기를 넘어 개개인의 개성이 존중되는 사회로 나갈 수 있습니다.

강한 민중과 강AI가 결합하면 어떻게 될까요. 민중의 역량이 자본의 지배력보다 강하기 때문에 다양한 사람들이 AI를 활용해 새로운 가치를 만들어 낼 수 있습니다. 강AI를 비롯한 4차 산업 혁명으로 인류의 생산성이 높아지면 노동 시간이 획기적으로 줄어들겠지요. 사회가 다양성을 중시할 때 그에 걸맞게 새로운 직업들이 나타날 수 있습니다. 민중들은 풍부한 자유 시간에 다채롭게 자아를 실현해 갈 수 있겠지요. 바로 민주주의 성숙 시대입니다. 자유롭고 평등한 공동체를 이루며 자연 생태계를 보전하면서 새로운 문명으로 나아갑니다.

중우 정치의 우중, 민주 정치의 민중

민주주의 위기와 4차 산업 혁명을 맞고 있는 자본주의 사회를 전망할 수 있는 두 모델로 간결하게 '로봇 사회의 길'과 '공유 사회의 길'을 상정할 수 있습니다. 4차 산업 혁명이 빠르게 전개된다는 가정 아래 〈표 5〉에 대입하면 '로봇 사회'는 강AI와 약한 민중의 조합으로 자본의 강한 지배력 때문에 민주주의 위기가 심화된 사회를, '공유 사회'는 민중의 강한 역량이 강AI(또는 약AI)와 결합됨으로써 민주주의 성숙 시대로 들어가는 사회입니다.

로봇 사회는 로봇으로 상징되는 인공 지능 주도의 4차 산업 혁명이 로봇을 소유한 사람들과 그렇지 않은 사람들, 또는 첨단 로봇(강AI)으로 경제력 · 정치력뿐만 아니라 수명까지 대폭 늘려 갈 소수의 사람들과 로봇을 구입할 수 없거나 단순 로봇(약AI)을 소유한 대다수 사람 사이에 점점 건널 수 없는 심연이 생기는 경제라 할 수 있습니다. 로봇을 소유하는가, 어떤 성능의 로봇을 얼마나 소유하느냐가 사회 구성원의 삶을 좌우하는 사회이지요. 자칫 로봇이 민중을 지배하는 도구가 되거나 아예 지배할 수 있습니다. 로봇 공학자 한스 모라벡(Hans Moravec)은 2050년 이후 '지구의 주인이 인류에서 로봇으로 바뀐다'고 전망했습니다. 로봇이 인류의 정신적 자산을 소프트웨어로 물려받는다는 주장인데요(『마음의 아이들』, *Mind children : The Future of Robot and Human Intelligence*). 로봇 사회의 극단적 상상이랄 수 있겠지요.

공유 사회는 과거의 공산주의식 위계적 사회를 뜻하지 않습니다. 민주적이고 창의적이며 열린 사회로 사람들이 자유롭고 평등하게 소통할 수 있습니다. 그래야 '공유'라는 이름에 값할 수 있겠지요. 다름 아닌 빅 데이터와 로봇, 챗봇(chatbot)으로 진화해 가는 인공지능 자체가 수많은 사람의 참여와 그들이 기하급수적으로 더해 가는 데이터를 공유함으로써 이뤄 낸 성과입니다. 당연히 '공유'를 밑절미로 성숙한 민주주의 사회를 만들어 가야지요. 그때 비로소 인간이 강AI를 통제하며 모든 사람의 이익을 높이도록 활용할 수 있습니다. 사람들은 "서로 공유하는 것이 많으면 많을수록 서로를 더 잘 믿는다"는 사실, 종교나 언어만이 아니라 소득 역시 그렇기에 "평등한 사회일수록 상호 신뢰 수준이 더욱 높게 나타난다"는 사실은 우리가 어떤 사회를 추구할 것인가를 선택하는 데 도움을 줍니다.

로봇 사회와 공유 사회의 갈림길은 각각 견고한 계급 사회의 길과 성숙한 민주 사회의 길로 이어집니다. 성찰적 노동이나 노동의 성찰이 없을 때 전자의 길로, 성찰과 노동이 선순환을 이룰 때 후자의 길로 가겠지요. 그 갈림길에 미디어 혁명이 있습니다. 인터넷에 기반을 둔 새로운 과학 기술이 종래의 인쇄 혁명에 버금가는 커뮤니케이션 혁명을 불러왔습니다. 우리가 생생한 현실로 마주하고 있듯이 모든 사람이 다양한 미디어를 통해 직접 언론 행위를 할 수 있는 시대가 열려 있습니다. 그래서입니다. 언론이란 무엇인가를 짚어 볼 필요가 있습니다. 컴퓨터 성능이 변해 온 과정이 상징하듯이 정보 과학 기술에서 새로운 진전은 현행 기능을 배척하는 것이 아니라 그것까지 포함해 성능을 높이는 '업그레이드 과정'이었지요.

민주주의 사회에서 언론의 구실이랄까 존재 이유를 살펴보죠. 언론을 연구한 학자들은 언론 활동의 목적을 '사람들이 자유로워지고 스스로 다스리는 데(free and self-governing) 필요한 정보를 제공하는 것'이라는데 대체로 동의합니다. 여기서 '스스로를 다스린다(self-governing)'는 의미는 민주주의에 대한 가장 보편적 정의인 링컨의 주장과 곧장 이어지지요. 민주주의의 궁극적 이상이 데모크라시의 어원도 그렇듯이 '민중의 자기 통치' 또는 '민중 스스로의 통치'라 할 때, 민중에게 통치에 필요한 정보를 제공하는 언론은 민주주의의 핵심 제도일 수밖에 없습니다.

따라서 민주주의가 성숙하려면 민중들이 자기 통치에 필요한 정보를 충분히 알고 있어야 합니다. 과거에는 그 정보를 신문사나 방송사가 일방통행식으로 전달했습니다. '대중 매체'나 '매스 미디어'라는 뜻 자체가 많은 사람에게 전달 또는 전파하는 매체라는 의미입니다. 인터넷이 열어 놓은 미디어 혁명 시대는 다릅니다. 사람들이 자유로워지고 스스로 다스리는 데에 필요한 정보를 신문사나 방송사만 제공하는 것이 아니라 민중들 자신이 마련하고 공유할 수 있게 되었거든요.

하지만 미디어 혁명은 빛이 눈부신 만큼 그림자도 짙습니다. 가령 대학에서 미국 젊은이들을 일상적으로 만나고 있는 영문학자는 오늘날 젊은이들이 "가장 멍청한 세대"가 되었다고 거침없이 비판합니다(바우어라인, 『가장 멍청한 세대』, *The Dumbest Generation : How the Digital Age Stupefies Young Americans and Jeopardizes Our Future*). 미디어 혁명이 기적처럼 손쉽고 빠르게 각종 정보와 상품, 오락과 친구를 접할 수 있게 해 주었지만 독서를 비롯해 지적인 습관은 도리어 사라지고 있다고 우려했지요. 그는 젊은 세대의 지적 수준이 떨어지고 있는 문제를 해결하는 데 "민주주의의 존폐가 달렸다"고 강조했습니다.

비단 젊은이들만이 아닙니다. 미국의 정보 과학 기술 전문가조차 인터넷이 자신을 얼마나 멍청하게 만들었는가를 솔직하게 고백했습니다.

"지난 몇 년 동안 나는 누군가 또는 무엇인가가 어설픈 솜씨로 나의 뇌를 손본 것은 물론이고 신경 회로를 재배치하고 기억을 다시 프로그래밍한 것 같은 불편한 느낌에 시달렸다. (…) 나는 책이나 긴 기사에 쉽게 집중할 수 있는 사람이었다. 나의 사고력은 일부러 꼬아 놓은 서사 구조나 논거의 변화 등을 쉽게 따라갈 수 있었고, 수 시간 동안 긴 산문 속을 헤매고 다닐 수도 있었다. 그러나 요즘 들어서는 그러기가 좀처럼 쉽지 않다. 한두 쪽만 읽어도 집중력이 흐트러지기 시작한다. 그러다 안절부절못하고 문맥을 놓쳐 버리고 곧 다른 할 일을 찾아 나서기 시작한다. 나는 다루기 어려운 뇌를 잡아끌고 다시 글에 집중하려 애쓴다. 예전처럼 독서에 집중하는 행위는 어느새 투쟁이 되어 버렸다. 왜 이런 일이 벌어졌는지 알 것 같다. 10년이 넘도록 나는 온라인에서 자료나 정보를 찾기 위해 여러 사이트를 돌아다녔고, 어떤 때는 인터넷의 방대한 데이터베이스에 자료를 추가하는 데 많은 시간을 쏟았다." (니콜라스 카, 『생각하지 않는 사람들』, 원제는 *The Shallows*).

실제로 인터넷은 개개인의 집중력과 사색의 시간을 탕진하는 경향이 있습니다. 온라인에서 익숙해진 습관은 오프라인에서도 빠른 속도로 작게 조각난 정보를 받아들이게 하지요. 온라인에서 정보를 모으면서 사람들이 실제보다 자신이 더 똑똑하고 지적이라고 믿게 되어 문제는 한층 심각합니다.

따라서 모든 사람이 언론 활동을 할 수 있는 시대에 걸맞게 대학은 물론 초중등 학교의 언론 관련 교육이 양적 · 질적으로 변화해야 합니다. 군부 독재와 맞서 언론 자유 수호에 앞장선 언론인 송건호는 '훌륭한 언론인'을 길러내기 위해 대학의 언론학과 강의 목적은 "사회와 인간을 보는 눈을 기르는 것이 되어야 한다"면서 "커리큘럼에 일대 개혁을 가해야 한다"고 일찍이 강조했습니다. 송건호의 제안을 받아들인 대학은 거의 없습니다. 그의 오래전 제안은 전통 미디어의 직업적 언론인들을 염두에 두었지만, 모든 사람이 글이나 영상으로 다른 사람들과 소통할 수 있는 미디어 혁명 시대에 새롭게 조명될 수 있습니다.

'민중 언론 시대'가 서서히 열리고 있지만, 권력과 야합하거나 부익부 빈익빈을 심화하는 체제를 일방적으로 두남두며 노동을 배제하는 신문·방송 복합체들의 권력도 여전합니다. 자본을 일방적 대변하는 그들의 이데올로기에 많은 사람이 매몰된다면, 민중 언론 시대는커녕 '생각하지 않는 사람들'이 한껏 잡담을 늘어놓는 '우중 언론 시대'가 될 수 있습니다.

권력과 자본의 직·간접적 지원을 받아 여론을 형성해 가는 기존 미디어의 영향력을 과소평가하고 그 감시와 비판에 소홀하게 된다면, 또는 로봇과 빅데이터가 제시하는 낙관적 전망을 과대평가하고 그 문제점을 충분히 논의해 나가지 않는다면, 첨단 로봇(강AI)으로 '무장'한 소수의 사람들과 민중들 사이에 불평등한 계급 구조가 견고해지는 미래와 만나게 됩니다. 그때 민중은 우중으로 길들여질 수 있습니다. 민중의 길과 중우의 길이라는 갈림길이 우리 앞에 놓여 있는 거죠.

민주 정치의 조건, 사회적 황금률

2020년대 지구촌에서 가장 행복한 나라는 어디일까요? 유엔의 행복 지수를 살펴볼까요. 유엔은 2012년 총회에서 인류의 복지가 중요하다는 뜻을 모아 매년 3월 20일을 '국제 행복의 날'로 선포했습니다. 각국의 공공 정책에서 행복에 대한 인식, 지속 가능한 개발,

빈곤 퇴치를 촉진하기 위해 경제 성장에 '포괄적이고 공평하며 균형 잡힌 접근'을 강조했지요.

이듬해인 2013년부터 유엔 지속가능발전해법네트워크(SDSN)가 「세계 행복 보고서(The World Happiness Report)」를 발표하고 있습니다. 2023년에 발표한 세계 행복 보고서에서 핀란드는 6년 연속으로 세계 1위입니다. 덴마크(2위), 아이슬란드(3위), 스웨덴(6위), 노르웨이(7위)로 이어진 순위에서 볼 수 있듯이 북유럽 국가들이 모두 10위권에 들어 있습니다.

유엔 행복 지수는 갤럽 조사를 기반으로 산출하는데요. 먼저 각 나라별로 1000명을 골라 자신의 삶에 대한 만족도를 0~10점 중에서 선택하도록 합니다. 그 결과를 바탕으로 1인당 국내 총생산(구매력 기준 GDP), 건강 기대 수명(세계보건기구), 사회적 지지, 선택의 자유, 관대함, 부정부패라는 여섯 가지 변수와 행복의 관계를 덧붙여 평가합니다. 여기서 '사회적 지지'는 곤경에 처했을 때 도움을 청할 친구나 친지가 있는지를, 자유는 '자신의 삶에 대한 선택의 자유'에 만족하는지를, 관대함은 지난달에 기부금을 낸 경험이 있는지를, 부정부패는 정부만이 아니라 기업까지 포함해 평가합니다.

촛불 혁명 시점에서 '성숙한 민주주의 국가'로 유럽 언론에 보도된 한국의 행복 지수는 조사 대상 137개국 중 57위입니다. 한국의 GDP가 세계 10위에 들어선 사실과 견주면 크게 낮은 편이지요.

행복 지수와 민주주의가 무슨 관계인지 의문이 든다면 세계 '민주주의 지수'를 들여다볼 필요가 있습니다. 흥미롭게도 세계 행복 보고서의 순위는 민주주의 지수와 조응합니다. 영국의 'EIU(이코노미스트 인텔리전스 유니트)'가 해마다 발표하는 '세계 민주주의 지수'는 신뢰성이 높은데요. 선거 과정과 다원주의, 정부의 기능, 정치적 참여, 정치적 문화, 공민의 자유라는 5개 지표를 기준으로 평가합니다. 합계 점수 8점이 넘으면 완전한 민주주의(Full democracy), 6점 이상은 결함 있는 민주주의(Flawed democracy), 4점 이상은 혼합형 체제(Hybrid regime), 4점 미만 1점 이상은 권위주의 체제(Authoritarian regime), 1점 미만은 '공포 정치(Terrorism)'로 분류합니다.

2023년 초에 발표된 민주주의 지수를 보면 1위는 노르웨이로 9.81점입니다. 이어 뉴질랜드(9.61), 아이슬란드(9.52), 스웨덴(9.39), 핀란드(9.29), 덴마크(9.28), 스위스(9.14), 아일랜드(9.13), 네덜란드(9.00) 순입니다. 북유럽 국가들이 압도적입니다.

윤석열 정부가 들어선 한국은 전년(16위)보다 낮은 24위입니다. 10점 만점에 8.03점을 기록해 '완전한 민주주의' 평가를 가까스로 지켜냈지요. 박근혜 정부 때인 2015년부터 줄곧 '결함 있는 민주 국가'였다가 촛불 혁명 이후 2020년에 '완전한 민주 국가' 지위를 5년 만에 회복했는데요. 2023년 보고서는 정치인들이 "합의를 모색하고 사람들의 삶을 개선하는 것보다는 정적들을 제거하는 데에 정치적 에너지를 쏟는다"며 그 결과 민중들은 "갈수록 정치에 환멸을 느끼고, 공직자들에 대한 신뢰를 거두고 있다"고 분석했습니다.

민주주의 지수가 언론 자유 지수와 비례하는 사실도 새겨 볼 만합니다. 프랑스 파리에 본부를 둔 '국경 없는 기자회(RSF)'가 발표하는 '세계 언론 자유 지수'에서 1위인 노르웨이를 비롯해 북유럽 국가들이 10위 안에 모두 들어갔습니다. 윤석열 정부가 들어선 뒤 한국은 1년 사이 네 계단 하락해 47위입니다.

민주주의 지수는 물론 행복 지수, 언론 자유 지수가 모두 세계 선두인 북유럽 민중들의 일상적 삶은 어떤 풍경일까요. '얀테의 법칙(Jante Law)'으로 설명할 수 있겠는데요. 덴마크계의 노르웨이 작가가 쓴 풍자 소설에 나오는 법칙입니다. 북유럽 국가의 많은 사람이 일상생활에서 활용할 정도로 널리 알려진 10개조의 규칙이지요. 그 첫째부터 눈길을 끕니다. "자신을 특별한 사람이라고 생각하지 말라"입니다. 이어지는 규칙도 사실상 같은 이야기인데요. "내가 다른 사람들보다 더 좋은 사람이라고 착각하지 말라, 더 똑똑하다고 생각하지 말라, 더 우월하다고 자만하지 말라, 더 많이 알고 있다고 생각하지 말라, 더 중요한 위치에 있다고 생각하지 말라, 무엇을 하든지 다 잘할 것이라고 장담하지 말라, 다른 사람을 비웃지 말라, 다른 사람이 나에게 신경 쓰고 있다고 생각하지 말라, 다른 사람을 가르치려 들지 말라"이지요. 얀테의 법칙은 특히 정치, 경제, 사회 문화의 엘리트주의자들이 귀담아들어야 할 내용입니다.

하지만 북유럽 국가들의 민주주의도 위기를 맞고 있습니다. 2022년 스웨덴 총선에서 극우 정당인 스웨덴민주당이 '반이민'을 내걸며 원내 두 번째 정당으로 올라섰거든요. 총선으로 들어선 중도 우파 연합 정부는 이민자에 대한 장벽을 높였습니다.

스웨덴은 2010년대 내내 이민자를 적극 받아들였고, 그 결과 전체 인구의 20%가 이민자입니다. 일자리 부족에 더해 이민자들에 대한 반대 정서로 2023년에 들어서서 수도 스톡홀름의 1인당 총기 살인율이 영국 런던보다 30배가량 높은 것으로 나타났습니다. 스웨덴 국가 범죄 예방 위원회 자료를 보더라도 스웨덴 총기 살인율은 유럽 평균의 2.5배입니다.

이웃 핀란드에서도 2023년 4월에 치러진 총선에서 극우 핀란드인당이 46석을 얻어 국민연합당(48석)에 이은 원내 제2당이 되었고, 사회민주당은 제3당으로 밀려났습니다. 노르웨이도 극우 세력이 커 나가고 있지요. 세계를 놀라게 한 총기 난사 사건이 이미 2011년 7월에 일어났습니다. 30대인 극우 과격분자가 집권당인 노동당의 청년 캠프 행사에 잠입해 폭탄과 총기 난사로 77명을 살해했는데요. 그는 이민자와 여성에게 관대한 정책을 편 집권당인 노동당에 경고한다고 되레 큰소리쳤습니다.

그래서입니다. 민주 정치가 성숙 시대로 들어서려면 얀테의 법칙을 넘어 주권자들에게 어떤 윤리가 요청될까를 논의할 필요가 있습니다. 그 윤리는 민주주의 성숙의 디딤돌인 언론과 교육이 지향해야 할 가치와 이어지겠지요.

절대적인 관점이 사라진 시대에 주권자의 윤리를 정립하는 과제는 쉽지 않습니다. 인류가 걸어온 길에서 가장 공감할 수 있는 가치를 찾아 그것을 바탕으로 논의한다면 어느 정도 설득력을 지닐 수 있지 않을까요.

여기서 우리는 인류가 오랜 세월에 걸쳐 성찰로 다듬어 온 '황금률(Golden Rule)'을 떠올릴 수 있습니다. 놀랍게도 황금률에 대한 동아시아, 인도, 중동, 유럽의 사유가 일치하기에 더 그렇습니다. 일찍이 붓다는 "당신에게 소중한 것은 다른 사람에게도 소중한 것이니 당신에게 고통스러운 것으로 다른 이를 고통스럽게 하지 말라." 했고, 공자는 "내가 바라지 않는 것을 남에게 행하지 말라"고 가르쳤지요. 예수는 "무엇이든지 남에게 대접받고자 하는 대로 너희도 남을 대접하라"고 일렀습니다. 황금률을 철학으로 다듬은 칸트는 "인간을 언제나 동시에 목적으로 대우하고 한낱 수단으로 대우하지 말라"는 실천 명령을 내놓았지요.

그런데 전통적 황금률은 '어떻게 살 것인가'에 개인적 성찰만을 강조했습니다. 그것만으로는 부족하지요. 그와 동시에 새로운 황금률을 병행해야 합니다. 붓다의 황금률에 '당신에게 고통스러운 것으로 다른 이를 고통스럽게 하지 않을 수 있는 정치 경제적 조건을 만들라'를 더할 수 있습니다. 공자의 그것에 "내가 바라지 않는 것을 남에게 행하지 않을 수 있는 정치 경제적 조건을 만들라"를 더할 수 있습니다. 예수의 그것에도 "무엇이든지 남에게 대접받고자 하는 대로 너희도 남을 대접할 수 있는 정치 경제적 조건을 만들라"를 더할 수 있습니다. 칸트의 실천 명령에 대해서도 "인간을 언제나 동시에 목적으로 대우하고 한낱 수단으로 대우하지 않을 수 있는 정치 경제적 조건을 만들라"를 더할 수 있습니다.

우리는 그것을 '사회적 황금률'로 명명할 수 있겠지요. 종교적 배경을 지닌 준칙을 선택하는 것이 보편적이기 어렵다면, 우주철학이 제안한 사회적 황금률을 찬찬히 새겨 볼까요.

"모든 사람을 우주적 존재로 존중하고 한낱 수단으로 대하지 않을 정치 경제적 조건을 만들라."

우리가 경험을 통해 확인할 수 있듯이 자본의 논리가 지배하는 체제에서 사회 구성원들은 민중이든, 정치·경제·사회적 권력을 지닌 사람이든 황금률을 따르기 쉽지 않습니다. 인간을 목적인 동시에 수단으로 대우하라는 칸트의 제안은 각자도생의 사회에선 구현되기 어려우니까요. 자본의 논리가 한층 강화된 현대 자본주의 사회가 구성원 개개인의 의도와 무관하게 황금률에 따라 살아가기 힘들도록 조건화하고 있기 때문입니다.

앞서 우리는 민주 정치 성숙 시대 진입을 위해 언론과 교육 부문에서 일하는 노동인들이 동시대를 살아가는 사람들과 나눠야 할 네 가지 철학적 성찰을 짚었는데요. 그 막중한 과제를 그들 손에만 맡겨 둘 수는 없습니다. 이미 모든 사람이 자신이 일하는 부문과 겸해서 언론인과 교육인으로 활동할 수 있는 시대가 열렸으니까요. 가령 직업적 언론인과 교육인이 아닌 사람들이 유튜브를 비롯한 다양한 미디어들을 통해 언론 활동과 교육 활동에 나선 모습을 쉽게 만날 수 있습니다.

그렇다면 주권자 개개인이 미디어 혁명을 기반으로 철학적 성찰과 사회적 황금률을 따라 민주주의 성숙 시대를 열어 가는 방안에는 무엇이 있을까요. 다음 세 가지로 간추릴 수 있습니다.

첫째, 자기 통치 실천입니다. 누구나 언론 활동을 할 수 있는 미디어 혁명은 민중 스스로의 통치라는 민주주의 이상을 실현해 나갈 수 있는 최적의 조건을 마련해 주었습니다. 하지만 미디어 혁명을 자본이 주도할 때, 자칫 지금보다 훨씬 세련된 방식으로 자본의 논리가 상식 또는 진리처럼 받아들여질 수 있습니다. 정치적 민주주의에는 관심이 높은 사람들도 경제적 민주주의와 그 핵심인 노사관계에는 무심하거나 이데올로기적 선입견을 지닐 수 있어 더 그렇지요. '모든 권력은 민중으로부터 나온다'는 헌법 정신과 '민중의 자기 통치'라는 민주주의 철학에 근거해 개개인이 몸담고 있는 삶의 현장에서 풀어야 할 문제를 글이든 영상으로든 적극 제기해 동시대인들과 공유해 나가야 합니다. 작은 실천들이 소통으로 서로 이어지면 '작은 대혁명'이 일어납니다.

둘째, 공유 사회 선구입니다. 과학 기술 혁명이 로봇 사회로 이끌 가능성이 높기에 민중들의 언론 활동이 더 절실합니다. 첨단 로봇 소유 여부로 경제적 불평등과 그에 따른 삶의 질이 더 나빠진다면 우리 개개인의 자유도 창의성도 그만큼 더 제약받을 수밖에 없습니다. 자유로움과 창의적 삶이 구속받는다면 빠르게 전개되는 4차 산업 혁명에서 뒤처지며 악순환에 갇힐 수 있겠지요. 성숙한 민주주의 사회를 어떻게 구현해 갈 것인지 다양한 논의를 활발하게 제기하며 동시대인들과 공유해 가야 합니다. 인간과 인간, 인간과 로봇 사이가 의미 있는 관계로 새로운 문명을 열기 위해서라도 로봇 활용이 모든 사람에게 열려 있는 정치 경제적 조건을 만들자는 여론을 형성해 가야 합니다.

셋째, 민중 역량 강화입니다. 인간과 인간 사이에 불평등이 만연할 때 자본의 살천스런 이윤 추구 논리 앞에서 단결 또는 연대해야 할 민중은 분열될 가능성이 높습니다. 이미 전문직과 일반직, 정규직과 비정규직, 비정규직과 실업자 사이의 불평등이 '정보 불평등'과 악순환을 이루는 현상이 나타나고 있지요. 민중이 분열하는 그만큼 많은 사람이 로봇 사회에서 소외되고 억압당할 수 있습니다. 개개인이 민중의 한 사람이라는 자각으로 연대에 나서 서로 돕는 언론 활동이 바람직합니다. 자신을 비롯한 민중 개개인이 로봇과 빅데이터를 자유롭게 활용하며 주체 역량을 강화해 갈 때 미디어 혁명과 4차 산업 혁명이 열어 놓은 새로운 사회의 가능성을 더 바람직하게 실현해 갈 수 있습니다.

지금까지 논의했듯이 주권 혁명은 주권을 지닌 개개인 스스로의 성찰적 노동을 중시합니다. 주권자인 개개인이 황금률과 사회적 황금률을 각각 자신이 일하는 영역에서 실천하며 공유해 간다면, 정치와 경제를 비롯해 모든 권력이 민중으로부터 나오는 주권 혁명은 차근차근 구현될 수 있습니다. 그때 민주주의는 탄생 → 성장 → 위기 → 성숙 시대를 넘어 '완숙 시대'로 접어들지 않을까요. 로봇 공학자가 '지구의 주인'이 인류에서 로봇으로 바뀌어 있으리라 전망한 2050년, 지구촌의 삶은 어떨까요. 인류는 과연 민주주의 완숙 단계에 오를 수 있을까요.

정치 산책

AI 혁명인가, 주권 혁명인가

AI 혁명. 우리 눈에도 귀에도 친숙한 말입니다. 어떤 자리에서도 화제로 삼을 만한 주제이지요. 그런데 주권 혁명은 어떨까요. 대다수에게 낯설게 다가오리라 생각됩니다. 왜 그럴까요.

먼저 AI 혁명은 세계적으로 변화하는 시대를 포착한 말이지만 주권 혁명은 그렇지 않다는 주장이 있습니다. 과연 그럴까요. AI 혁명이 변화하는 시대를 상징하는 것은 분명합니다. 하지만 그 못지않게 세계적으로 민주주의 위기가 보편화하고 있기에 주권 혁명 또한 시대적 요청입니다.

더러는 AI 혁명이 우리 개개인의 일상에 큰 영향을 끼치지만 주권 혁명은 그렇지 않다고 주장합니다. 그런데 오히려 주권 혁명이야말로 우리의 일상에 큰 영향을 끼치지 않을까요. 다시 첫 강의로 돌아가 봅시다. '이생망'이나 삼포 세대 모두 주권 혁명이 이뤄지지 않았기 때문에 나타난 현상입니다. 억울함을 견디지 못한 노동인들의 자살은 흔히 사회적 타살이라고 하지만 실은 정치적 타살입니다.

그렇다면 문제는 분명합니다. AI 혁명과 주권 혁명의 언론 노출 차이가 큽니다. 특히 2020년대 들어 AI 혁명은 부쩍 신문과 방송, 인터넷에 오르내렸습니다. 하지만 주권 혁명은 거의 언론에 노출되지 않습니다. 그런데 언론 노출 차이가 사안의 중요성 차이는 아닙니다. 언론 노출 차이는 전적으로 신문과 방송의 판단입니다. 문제는 그 신문과 방송이 자본주의 사회에서 기업의 형태로 존재하는 데 있습니다. 언론사 자체가 자본의 논리를 추구하거나 광고주인 자본의 영향을 받는다는 뜻입니다. 인터넷 시대이기에 신문과 방송이 외면하더라도 충분히 화제가 될 수 있다고 반론을 펼 수 있겠습니다. 일리 있는 말이지만 신문과 방송이 오랜 세월에 걸쳐 정치적 무관심을 조장해 놓았거나 사고의 틀을 규정해 놓았다면, 인터넷의 소통도 기존 언론이 보도하는 틀(프레임)에 영향을 받습니다. 언론의 가장 큰 왜곡은 어떤 현상이나 개념에 대한 침묵 또는 무시이거든요. 어떤 의제에 대해 아예 생각할 수 없게 만든다는 거죠.

AI 혁명과 주권 혁명. 두 혁명 모두 지구촌의 시대적 흐름입니다. 둘 가운데 하나를 선택할 문제도 아닙니다. 물론 전자만 선호하고 후자는 배척하는 세력도 있겠지요. 그들은 자신들의 특권을 영구화할 로봇 사회를 꿈꿉니다. 그런데 주권 혁명은 과학 기술의 발전을 외면하지 않습니다. 아니 적극적으로 추진하지요. 과학 기술의 주권 또한 민중에 있다는 민주주의의 간결한 철학을 잊지 않을 따름입니다. 공유 사회가 로봇을 배척하지 않듯이 주권 혁명이 열어 갈 '민주 정치 성숙 시대'는 로봇과 인공 지능을 활용합니다.

민 주 주 의
특 —— 강

종
강

민주공화국, 위기를 벗어나 성숙의 시대로

민주주의에 대한 오해와 민주공화국에 살고 있다는 착각에서 출발한 우리의 민주 정치 이야기를 마칠 때가 되었습니다. 보수의 헌법 제1조가 따로 있고 진보의 헌법 제1조가 따로 있지 않듯이 모든 권력이 'The people'에서 나온다는 민주주의 이상은 보수와 진보 공동의 정치 철학임을 살펴보았습니다. 그렇다면 보수와 진보의 구분은 의미가 없는 것인지 의문이 들 수 있겠지요. 그렇지는 않습니다. 민중의 자기 통치를 일궈 가는 과정에서 보수는 자유를 진보는 평등을 상대적으로 더 중시하겠지요.

그런데 링컨이 강조한 민주 정부, 'The government of the people, by the people, for the people'을 실현하려면 그 주체인 민중들이 자

유롭고 평등해야 합니다. 무슨 특정한 정치 이론이 아니라 보편적인 영영 사전에서도 확인할 수 있는 민주주의의 기본 철학입니다. 민중 스스로의 통치라는 민주주의 이상을 보수와 진보가 공동의 정치 철학으로 받아들이고 그 철학을 바탕으로 자유롭고 평등한 세상을 구현하기 위해 입법과 정책을 경쟁할 때 민주주의는 성숙해 갈 수 있습니다.

다만 자유와 평등은 진공 속에서 논의될 수 없습니다. 우리가 역사적 전개 과정을 톺아보았듯이 민주주의는 태어날 때부터 자본주의와 맞물렸습니다. 미국 정치학자 웬디 브라운은 민주주의와 자본주의 관계를 '이란성 쌍둥이'로 봅니다. 다만 둘 중에서 언제나 더 팔팔하고 꾀바른 쪽은 자본주의라고 덧붙이지요. 자본주의는 민주주의를 하나의 '상품 브랜드'로 만들어 제품의 실제 내용과 무관하게 뒤바꿔 놓았다고 비판합니다.

하지만 딱히 그렇게만 볼 문제는 아닙니다. 이 책에서 살펴보았듯이 민주주의도 자본주의도 그 중심에 민중이 있습니다. 민주주의는 본디 어원부터 '민중 정치'이거니와 자본주의 자체도 민중의 노동이 없었다면 성립할 수 없었습니다. 노동하는 민중이 없고 자본만 있는 자본주의는 상상할 수도 없으니까요. 민중은 자신의 노동으로 자본주의 생산을 담당하는 한편 자신의 성찰로 자본주의를 인간화, 민주화하는 노동을 수행해 왔습니다. 역사적으로 자본주의와 민주주의가 접합하는 지점에 언제나 민중의 성찰적 노동이 있었지요.

지구촌 각국의 정부로 하여금 민주 정치 성숙 단계의 법과 제도를 마련케 하는 힘은 주권자인 민중으로부터 나옵니다. 현대 법철학에서도 강조하듯이 최선의 복지는 '최대의 행정이나 최적의 시장이 아니라 최대의 민주주의와 최적의 법치 국가'가 구현할 수 있습니다. 나라마다 국민의 절대다수인 민중들이 소통하며 입법을 이끄는 일 또한 성찰적 노동에 주어진 과제이지요.

2020년대 들어서면서 지구촌으로 빠르게 퍼져 간 코로나19가 상징하듯이 민주주의 위기는 기후 온난화로 '자본세 위기'와 겹쳐 있습니다. 지구 온난화의 위험이 1990년대부터 본격적으로 나타났음에도 이산화탄소와 메탄, 질산의 배출량은 해마다 늘어나고 있습니다. 아래로부터 위기의식이 커져 가자 국제적 협상을 통해 감축 목표에 가까스로 합의했지만, 기후 온난화를 막기엔 목표 자체가 턱없는 수준이었고 그나마도 제대로 실행되지 못하고 있습니다. 그만큼 지구촌을 지배하고 있는 경제적 · 사회적 세력의 힘이 강하기 때문입니다. 바로 자본의 힘이지요. 언론과 교육에서도 그 힘이 지배적이기에 문제는 더 심각합니다.

그럼에도, 아니 그래서 더더욱 성숙 시대의 민주 정치를 일궈 낼 주체, 주권자인 민중의 역량이 우리의 희망입니다. 민주주의 위기를 넘어서려면, 자본세의 위기로부터 지구의 생태계를 되살려 내려면, 지난 200년에 걸쳐 언론과 교육을 통해 인간의 내면까지 깊숙하게 침투한 이데올로기에서 우리 스스로 벗어나야 합니다.

미디어 혁명의 영향일까요. 다행히 자본주의 사회의 문제점에 지구촌 사람들이 대부분 공감하고 있습니다. 동유럽 공산주의 체제의 몰락 20년을 맞아 영국 공영 방송(BBC)이 27개국의 2만 9000명을 대상으로 한 여론 조사에서 응답자의 23%가 "자본주의는 치명적 결함이 있어, 다른 경제 시스템을 필요로 한다"고 응답했습니다. "자본주의는 규제와 개혁을 통해서 다뤄야 할 문제들을 지니고 있다"는 응답(51%)까지 합하면, 거의 80%가 자본주의 체제가 불완전하다고 보는 것으로 나타났습니다. 반면 "자본주의는 잘 작동하고 있고, 규제는 자본주의 시스템을 덜 효율적으로 만든다"는 응답은 단지 11%에 지나지 않았습니다. 자본주의와 다른 경제 체제를 모색하거나 최소한 규제와 개혁으로 자본의 논리를 통제해야 한다는 데 지구촌 차원의 공감대가 형성되고 있는 셈입니다.

2008년 미국 월가에서 시작한 '글로벌 금융 위기'를 맞아 인류는 모든 경제 활동을 자본의 자유로운 활동에 맡기는 신자유주의적 세계화가 결코 지속 가능할 수 없음을 확인할 수 있었습니다. 미국 자본주의가 금융 위기에서 교훈을 얻었다면 마땅히 신자유주의에서 벗어나야 함에도 현실은 그렇게 되지 않습니다. 공화당의 트럼프든, 민주당의 바이든이든 자국 중심의 중상주의 길을 선택하며 중국과 신냉전에 들어갔지요. 사회적 시장 경제를 이룬 나라들조차도 극우 세력이 커가면서 민주 정치의 미래는 밝지 않은 것이 현실입니다.

촛불 혁명으로 세계가 한국 민주주의를 주목했지만 그 민낯은 참담합니다. 자살률 1위에 출생률은 꼴찌인 살풍경 사회이지요. 유아 시절부터 60대까지 국민 대다수가 '각자도생'의 살인적 경쟁에 내몰리는 나라이기도 합니다. 잘사는 20%는 눈덩이처럼 재산을 불려 가고 80%는 점점 생활이 어려워지는 을씨년스런 세상, 몇몇 수출 대기업은 천문학적 이익을 해마다 누리지만 전체 기업의 90%는 늘 위기인 체제, 자살률과 노동 시간에 더해 산재 사망률과 비정규직 비율이 두루 1위인 나라입니다. 한국 민주주의에 짙게 드리운 그 그림자가 계속 이어져서는 안 되고 그렇게 되도록 방관해서도 안 되겠지요. 거듭 강조하지만 정치에 무관심하거나 정치를 무시할 때 정치는 반드시 보복하거든요.

로봇이 지구를 지배하는 시대가 열린다는 2050년대는 세계사적으로 민주주의 위기 단계가 시작한 지 60년이 되는 연대입니다. 21세기의 정점이기도 하고요. 이와 관련해 우리는 로봇 사회와 공유 사회의 갈림길을 짚어 보며 민주 정치가 성숙 시대로 들어서는 주체적 조건들도 논의했습니다.

종강을 맞은 오늘, 개강할 때 제기한 헌법의 문제의식으로 돌아가 볼까요. 대한민국 헌법이 공언하듯 정치권력이든 경제 권력이든 모든 권력이 주권자로부터 나오는 나라를 현실로 구현하는 길은 모든 개개인이 자신의 개성을 꽃피울 수 있는 정치 경제적 조건을 마련하는 세상과 이어져 있습니다. 주권자로서 개개인은 헌법이 나라

안팎에 선언한 민주공화국을 구현하기 위해 모든 권력을 민주화해 나가야 할 권리와 의무가 있는 거죠. 그때 비로소 권력도 정당성을 가질 수 있습니다. 권력을 지닌 사람들과 민중들을 굳이 구분할 필요 없이 황금률과 사회적 황금률을 몸에 익힌 비율이 높아지는 만큼 민주주의는 성숙합니다. 그 비율이 과반에 이르면 민주 정치는 완숙기를 맞겠지요. 모든 권력이 아래로부터 나오는 헌법 정신을 구현할 때 사람과 사람 사이에 자유와 평등이 우애의 물결로 넘실대지 않을까요.

모든 사람이 자신의 개성과 차이를 다채롭게 꽃피우는 사회, 모든 개개인이 자기를 실현할 수 있는 정치 경제적 조건을 갖춘 체제, 황금률과 사회적 황금률이 사람들 사이에 불문율로 정립된 공동체, 민주 정치의 완숙기는 언제쯤 올까요. 우중과 민중의 갈림길에 선 우리가 지금 여기서 어떤 삶을 살아가느냐에 달려 있습니다.

민주 정치가 위기를 벗어나 성숙 시대를 온전히 구현하는 데도 어쩌면 탄생기와 성장기가 그랬듯이 한 세기 넘게 걸릴 수 있습니다. 완숙 단계 이후는 지금의 인류의 생각을 훌쩍 뛰어넘는 새로운 사유로 새로운 사회의 탄생을 설명하는 개념과 이론이 나타나지 않을까요. 그 단계는 후손들에게 맡기지요. 아무래도 지금은 우리가 나설 때입니다.